AF401424

Charles LEROM

2 fascicules à cartonner ensemble

COMMENT

A LA FIN DU XIXe SIÈCLE
ON ENTENDAIT GOUVERNER

Charles LEROM

COMMENT

A LA FIN DU XIXᵉ SIÈCLE

ON ENTENDAIT GOUVERNER

AVANT-PROPOS

Dans le récit qui suit, je me suis imposé le devoir de
n'offenser personne. Je m'adresse à la foule sans lui
cacher la moindre vérité, dussé-je de·ce chef me faire
beaucoup d'ennemis.

Mes malheurs ne sont qu'un atome parmi tant d autres
qui accablent l'humanité; ils ont ce caractère particulier,
qu'ils ont été voulus, préparés longtemps à l'avance,
sans qu'aucune autorité n'ait songé à intervenir pour en
atténuer les conséquences.

Je n'ignore pas qu'en élevant la voix, je n'adoucis pas
mes peines. Le but que je poursuis est uniquement de
faire connaître à ceux qui nous suivent, comment au
centre de l'Europe, on entendait gouverner à la fin du
XIXᵉ siècle.

Beaucoup d'infortunes restent cachées, parce que ceux
qui les endurent ne peuvent les exposer au grand jour.
C'est dommage, car ces plaintes exhalées du fond du
cœur serviraient à enrayer les abus plus que tous les
discours.

En les exposant, il faut surtout s'appliquer à ne pas
laisser éprouver trop d'ennui au lecteur. C'est pourquoi
j'ai cru nécessaire d'opérer parfois quelques digressions
qui auront surtout pour effet de faire saisir l'état d'âme
du patient.

L'AUTEUR.

Paris, année 1890.

A Monsieur X... président de chambre à la Cour de cassation.

Monsieur,

Si, quoique Belge, je m'adresse à vous, c'est que j'estime que la justice ne connaît pas de nationalité.

En 1883, après vingt-cinq ans de travail assidu et treize années de loyaux services rendus comme fonctionnaire, je dus donner ma démission pour motifs de santé.

Je crus ne devoir prendre une détermination aussi sérieuse qu'après avoir confié, avec tous les égards que comportaient les circonstances, mon avenir aux mains bienveillantes de mes supérieurs. Il y a de cela bientôt huit ans et malgré toutes mes sollicitations, toutes mes démarches, toutes mes prières, aucune autorité n'a daigné prêter l'oreille à mes justes revendications.

Tous les sacrifices que j'ai faits pour suffire à mes dépenses au moyen de mes ressources très limitées, toutes les humiliations que j'ai s'' 'es, ri a pu faire prendre mon sort en pitié.

Au u.e... de chacune de ces dernières années, des amis que j'appelai à mon secours, me laissaient entrevoir quelque soulagement à ma triste position; l'année s'écoulait peu à peu n'apportant aucun changement. Aujourd'hui, la mort dans l'âme, je me demande à quelle autorité je dois en appeler, pour mettre fin à l'injustice la plus monstrueuse qu'un homme puisse subir dans le cours de sa carrière.

J'avais cru, dans un moment de désespoir, en référer au public, faire juge de mes droits méconnus tous les gens de cœur, un sentiment de dignité que vous comprendrez, Monsieur, m'a fait renoncer à mes projets.

A l'âge de cinquante ans, après une vie consacrée tout entière au travail, j'en resterais réduit aux avances, que voudrait bien me faire ma famille ou à la liquidation de mon patrimoine!...

Contre pareille injustice mon cœur se soulève! fils de magistrat, je me permets d'avoir recours à votre bienveillante intervention, persuadé que si mon triste sort peut éveiller en vous quelques moments d'attention, ma démarche n'aura pas été vaine.

Paris, 4 décembre 1900.

A Monsieur X..., président de chambre à la Cour de cassation.

Monsieur,

Je prends la liberté de vous remettre inclus copie d'une lettre que j'adressai en 1890 à l'un de vos collègues. Il y a de cela dix ans. Loin d'avoir obtenu quelque soulagement à mon sort, j'ai dû au contraire me restreindre beaucoup, entamer mon patrimoine et verser les derniers fonds qui me restaient à une compagnie d'assurances afin de pouvoir vivre.

Privé de toute consolation, j'avais circonscrit mon activité dans des limites où j'espérais enfin pouvoir attendre plus tranquillement la fin de mes jours.

Sans cesse la malveillance vient me relancer, en rendant de jour en jour ma situation plus pénible encore. Il y a dix-huit ans que dure cette situation, sans que la justice à laquelle je me suis adressé ait daigné m'entendre. Puisque je ne suis coupable d'aucun crime, pourquoi me met-on au ban de la société et cherche-t-on à me torturer par les moyens les plus raffinés.

Je ne réclame aucune faveur, Monsieur, croyez-le bien; si je m'adresse à la Cour, c'est que j'estime qu'un honnête homme peut réclamer d'elle, ce à quoi a droit un criminel, c'est à-dire sa bien-veillance. J'espère en m'adressant à elle, être plus heureux cette fois et pouvoir lui démontrer, que ceux qui transforment la question en incident politique, ne font que la travestir afin d'échapper à leurs devoirs et se débarrasser de la terrible responsabilité, qu'ils ont assumée, en me traînant à la mort.

J'avais vingt-deux ans quand je conçus le projet de me marier. La jeune fille à la main de laquelle je prétendais était de bonne famille, gracieuse, intelligente et convenable-ment dotée. Nous nous entendions bien, condition essentielle pour faire bon ménage. Nous ne nous trompions ni l'un ni l'autre, puisque vingt ans après je pus apprécier tout ce que ce choix de ma première jeunesse eût réalisé de bonheur pour moi. Mon père, à qui je fis part de mes intentions, sans me détourner du mariage, me fit observer cependant que j'étais bien jeune et que, puisque je m'étais mis au travail, il valait mieux attendre que j'eusse une position avant d'affronter toutes les charges d'un ménage.

— Tu te formeras au travail, tu acquerras des connais-sances, de l'expérience, tu seras mûr alors, tu ne l'es pas aujourd'hui.

Je l'étais peu, il est vrai. J'avais reçu une éducation si ar-tistique, à laquelle ma nature s'adaptait à merveille, que je ne savais pas encore que ce bel idéal, entrevu dans la jeunesse, n'est qu'une illusion de nos tendres impressions. Je restai longtemps encore sans le savoir, parce que mes goûts mo-destes n'excitaient la jalousie de personne. J'étais d'ailleurs éloigné de mes anciens camarades d'étude, dont mon père m'avait séparé, pour me lancer dans les finances.

Quelle eût été dure pour moi, cette vie terre à terre, avec des chiffres devant les yeux, qui n'éveillaient ni ma cupidité, ni mon intelligence, si je n'avais eu, en dehors de mon travail de jour, et pour faire diversion à mes ennuyeuses occupations, ma passion pour la musique!

— Veux-tu de l'argent, me demandait parfois mon père? J'en ai là pour toi et tu ne m'en demandes jamais.

— Qu'en ferais-je? était ma réponse.

Je gagne 600 francs, je n'ai aucune dépense sérieuse, puisque vous payez toutes mes notes et m'hébergez; merci, gardez-le, je n'en ai pas besoin. »

Je n'étais, à vrai dire, ni Anglais ni Américain. Mon père même, en magistrat intègre et chef de famille plein d'ordre et d'économie, préférait pour ses enfants le fonctionnarisme, où l'on trouve avec une vie régulière quelques douceurs à apporter au ménage.

Si cela est juste pour les gens plus ou moins fortunés, ne dépendant aucunement des fonctions qu'ils remplissent, cela n'est que trop inexact pour ceux, dont elles sont le seul moyen d'existence. Toujours astreint aux mêmes heures, à la même besogne, incapable de donner à son existence cette variété d'occupations, si nécessaire à notre bonheur et à notre santé, le fonctionnaire est une espèce de captif, qui se fait à cette existence comme le forçat à la sienne, travaillant dans la salle commune avec ses co-détenus.

Quand on remplit ses fonctions avec des ressources personnelles, on peut toujours, le cas échéant, si l'ennui vient ou si la malveillance vous surprend, plier bagages et chercher ailleurs de quoi s'occuper; mais cela n'est pas possible pour ceux qui, entraînés dans cette voie, ne connaissent la plupart du temps que tout juste ce qui a rapport à leur travail quotidien et manquent de tout s'ils quittent leurs fonctions.

Les chefs, persuadés qu'ils ont entre les mains des serviteurs incapables de les abandonner, font peser sur eux une main de fer; ceux-ci, asservis bientôt, ennuyés, désespérés de ne voir qu'à la longue s'améliorer leur malheureux sort, deviennent grincheux, despotes à leur tour et ne cherchent que trop souvent, en dehors de leur entourage, à jeter le trouble et la discorde dans des sphères étrangères à la leur. Des gens rusés, estimant plus facile de nager en eau trouble que de travailler, ont trouvé le moyen d'utiliser ces rivalités souvent très futiles à leur début.

Mon père ne m'avait jamais montré le dessous des cartes, les mille ficelles qui font mouvoir le monde. Désireux de me laisser à toutes mes illusions, de ne troubler en rien les émotions douces qui semblaient faire mon seul bonheur, il ne me dit jamais : Prends garde aux hommes, ils sont faux, méchants, jaloux, cruels et tyranniques.

Je passai ainsi les premières années de ma jeunesse, un pied dans les chiffres, l'autre dans les arts.

Cela ne pouvait durer toujours, l'apprentissage avait pris fin. Je devais pour de bon entrer dans l'action; ainsi en avait décidé mon père.

En me dirigeant maintenant vers l'industrie il s'écartait du plan qu'il s'était tracé dans le principe; je n'en avais aucun de mon côté.

Cette fois c'en était fait de la musique; le travail et les arts ne pouvaient plus marcher ensemble. Il faut avoir fait pareil divorce pour savoir combien un jeune homme est dérouté dans la vie quand, après avoir bu aux sources pures de l'art, il vient affronter tous les soucis des affaires.

Je n'étais il est vrai qu'un subordonné, mais pour la première fois, j'étais entouré d'ouvriers, forcé parfois à faire sentir mon autorité, ce que je faisais avec dégoût et surtout avec trop de zèle.

Après trois ans de cette vie active, étais-je mûr pour gouverner moi-même et faire fortune? J'en doute, car personne ne s'offrit à partager avec moi les chances d'une entreprise

On en était alors à la guerre de sécession d'Amérique; l'industrie était souffrante; les magasins regorgeaient de marchandises qu'on ne pouvait expédier; les banques mêmes faisaient face avec peine à tous les besoins. Je tombais bien mal pour risquer la part du patrimoine que mon père s'offrait à m'avancer. La crise menaçait de durer; elle devait en tous cas enrayer pour longtemps la prospérité du pays, puisque les stocks considérables amoncelés dans tous les coins, ne devaient s'écouler qu'à la longue. Il fut donc décidé que je retournerais chez mes parents, en attendant de pouvoir prendre la direction de la succursale d'un établissement financier qu'on devait installer sous peu dans ma ville natale.

O vous qui me lisez, lecteur, qui êtes à la veille de vous embarquer dans la vie, prenez garde à la voie que vous allez suivre, car de là dépend tout votre bonheur. La vie bonne enfant d'autrefois a cessé pour toujours. Quelques cataclysmes pourraient encore la ramener, mais ce serait aux dépens de cette fièvre d'activité qui doit nécessairement cesser le jour où tous les peuples de la terre seront, ce qu'on appelle civilisés.

La lutte pour la vie va grandir d'année en année, et ce ne sera guère qu'à ceux qui auront la carcasse dure que sera réservée la réussite. Il faudra de la poigne et un fameux aplomb pour résister au choc; gare à votre honnêteté et à votre repos. On ne fait taire sa nature qu'au prix de son bonheur et sans espoir d'un succès durable.

Si j'ai pu juger de ce qu'il faut pour réussir, jamais je n'ai pu réunir le petit capital de conditions requises à cet effet, capital si facile à acquérir cependant quand on en a le caractère. J'ai étudié les hommes sous toutes les faces, dans toutes les positions, dans toutes les conditions sociales; j'ai été frappé, en dernière analyse, de voir tant de gens inférieurs aux positions qu'ils occupaient. Comment étaient-ils arrivés là, ces heureux de la terre avec un si petit bagage intellectuel? Je ne m'en suis rendu compte que plus tard, lorsque Caron me montra la monnaie qu'il recevait de ses passagers. J'ai ressenti un tel dégoût de sa barque que j'ai fui bien loin de la rive, aux prises avec les plus grands embarras.

Quand je revins chez mes parents tout noir des poussières de l'usine, je me sentis très dépaysé. Trois ans avaient passé sur ma tête et l'avaient débarrassée de cette poésie divine qui nourrit l'artiste dans la jeunesse et le tue à petit feu plus tard, si le succès ne vient raviver ses forces et atténuer les souffrances de la vie. Ce que j'avais aimé me semblait fade, ce que j'avais adoré me paraissait transformé. Mes amis même, toujours heureux de me revoir jadis et depuis à la poursuite d'autres fantaisies, me recevaient froidement, étonnés de mon apparition sur la scène de leurs exploits. Pourquoi après avoir fait le sacrifice de ma première jeunesse, revenais-je là d'où j'étais parti. Un homme riche, qui n'a pas quitté le manoir de ses ancêtres où depuis des siècles les générations se succèdent à tour de rôle, comprend-il les difficultés qu'on rencontre à se frayer un chemin dans la vie.

L'homme actif très souvent se ruine; le paresseux manque de pain. Y a-t-il une voie sûre qui mène au succès ? Mon père m'en avait donné l'assurance; je ne pouvais en douter, comme de tout ce qui émane de parents qu'on chérit et dont l'affection est sans limite.

L'installation de la succursale devait avoir lieu sans retard, j'allais bientôt me mettre à l'ouvrage.

Quand tu seras en fonction, m'avait dit mon père, tu te marieras et tu jouiras dès lors tranquillement de la vie. » Oh! joie, oh! bonheur tant désiré, te voilà; apparais, paie-moi de tous mes sacrifices, verse, verse ce flot divin de ta coupe enchanteresse! C'est charmant tout cela, au théâtre, mais en réalité c'est tout autre chose. Au cours des démarches que je fis pour obtenir ma nomination, on me donna un jour l'assurance du succès. Heureux d'avoir obtenu enfin ce que je désirais, ma première pensée fut pour celle à qui j'avais promis l'année précédente, mon cœur et ma main. J'avais sa promesse et l'assentiment de ses parents. Je courus chez le père et lui annonçai tout joyeux la bonne nouvelle.

— Holà! me dit-il, comme vous y allez, votre nomination est-elle bien certaine?

— On m'en donne l'assurance; j'espère.

— Et bien, me dit-il, attendons.

C'était comme s'il m'eût dit : pas de place, pas de femme, ou comme l'on dit vulgairement pas d'argent, pas de Suisse.

S'il n'est pas agréable d'attendre dans la pluie un omnibus qui ne passe pas, ou n'apparaît que complet, il est encore plus triste d'aspirer à l'heureux jour de l'hyménée, dont le ciel coloré d'abord de toutes les félicités, s'assombrit peu à peu et amène parfois de gros orages.

Fatigué de cette vie oisive que ne venaient plus égayer les élans artistiques de ma jeunesse, j'aspirais vivement à me mettre à l'ouvrage.

Qui a péché, péchera dit l'Évangile; qui a travaillé travaillera, telle est l'expérience que j'ai faite. Je ne crois pas qu'il soit possible de passer brusquement de l'activité à l'oisiveté lorsqu'on a contracté l'habitude du travail dès sa jeunesse.

Peut-être changera-t-on d'occupations, au grand avantage de ses qualités intellectuelles et de sa santé, mais jamais on ne s'accommodera de la vie des oisifs.

Chaque homme en naissant est doté d'un caractère qui l'entraîne aux plaisirs de son choix. S'il reste là où il a vu le jour, entouré de ses amis et des mille et un riens qui faisaient la joie de son enfance, jamais il n'aspirera à s'éloigner de chez lui. En matière de distraction, il quittera bien momentanément ses habitudes, mais ce ne sera que pour jouir plus vivement à son retour, des douceurs du foyer.

C'est le seul, le vrai bonheur, parce qu'il est conforme à la nature. Qui en sort est perdu. Nous pouvons donc dire que la société qui se modifie chaque jour par la force même des choses est certainement en voie de progrès à tous les points de vue à l'exception toutefois de celui que l'homme re cherche par dessus tout, c'est-à-dire de son bonheur.

Ce progrès cependant, sous beaucoup de rapports, est loin d'être honnête et moral parce que les nécessités qu'il impose amènent des monstruosités que les circonstances seules excusent Qui n'a vu ces machines puissantes productrices de forces correspondantes à celles de milliers de chevaux. Elles sont appelées à une production intensive qui doit trouver son écoulement. Quand, pour se procurer l'inutile, l'ouvrier sera plus pauvre que jamais, travaillant toujours de plus en plus au détriment de sa santé, abrégeant ses jours, augmentant ses infirmités par les plaisirs dérivatifs nécessaires à ses travaux ; quand l'Europe se sera bourrée de tout pour faire marcher ces Goliath de l'industrie, que faudra-t-il faire pour écouler l'excès de production ; naturellement inonder les pays les plus peuplés et les moins outillés. C'est alors qu'on verra les canons précéder les navires et décharger par la force dans les ports nos produits de toute sorte. Ils y allaient jadis, mais avec lenteur, à la voile, à travers de grands périls et moyennant des formalités nombreuses qui en arrêtaient ou en ralentissaient l'entrée. Aujourd'hui le temps presse ; les hauts fourneaux déversent leurs laves ; Vulcain n'a plus besoin de ses poignets d'airain ; la machine s'ébranle sans perdre haleine, il faut que ses produits s'en aillent au plus tôt. Nos champs sont coupés par les rails ; dans nos rues les machines nous écrasent ; faut-il se plaindre de ce qu'il ne nous faille plus marcher ?

Mais tout cela ne suffit pas à l'écoulement de nos produits ; « au loin, au loin », crie-t-on, et tandis que nous nous introduisons de force à l'étranger, afin d'atténuer l'atrocité des moyens employés pour arriver à nos fins, c'est au nom de la civilisation que le canon gronde.

Ah ! que le spectacle est attristant pour celui qui se reporte à quelques siècles en avant, alors qu'il n'y aura plus de peuples à *bourrer* en proportion de la production toujours, toujours croissante.

On ne pourra cependant pas alimenter la lune, puisque depuis que nous l'avons vue de bien près, nous avons la certitude qu'elle n'est pas habitée.

Mais alors que feront nos descendants épilés à la sueur du travail, les ongles usés dans l'avidité de la lutte, les traits contractés à la suite de rivalités sournoises et cruelles. Faute de pouvoir dépasser les limites de la terre où tout aura été utilisé, épuisé, mis en valeur, nécessité fera loi et peut-être alors la paresse fera prime.

Comme au temps de nos premiers aïeux, l'homme aura le droit, sinon le devoir, de se coucher à l'ombre des ormeaux et jamais l'expression du poète ne sera mieux choisie, car les forêts déjà rares aujourd'hui n'existeront plus.

Je n'avais pas vu au début de ma carrière ce que je vois aujourd'hui; l'industrie était en progrès, la lutte était vive, mais les lois économiques n'étaient pas aussi gravement atteintes qu'elles le sont de nos jours. On pouvait donc encore avec ses propres forces affronter le danger. Néanmoins je crus prudent de ne pas tenter la fortune et je fis peut-être sagement.

Le jour de ma nomination arriva, et je m'en allai vivement, tout heureux, demander à mon futur beau-père de régler les conditions du mariage. Il me reçut très amicalement, en souriant même. C'était d'ailleurs un fort brave homme, très gai, sérieux à ses heures, aimant beaucoup le monde et logé dans un hôtel qui ne laissait rien à désirer sous tous les rapports.

— Comme vous l'avez sans doute appris déjà, lui dis-je, j'ai définitivement ma place et je viens officiellement vous demander pour quelle époque il vous convient de fixer le mariage.

— Mais quel mariage? me dit-il. Je sais bien qu'il y a des projets de ce genre, mais je ne sais pas encore quelle sera la mariée.

Je fis des yeux si étonnés qu'il s'empressa d'ajouter : « Oh! croyez-le bien, je serais très heureux de vous avoir pour gendre et ma femme aussi, mais ma fille ne consent pas à vous épouser.

— Mais, lui dis-je, j'ai son consentement depuis longtemps, elle n'attendait que ma nomination pour m'épouser, je n'y comprends rien.

— Oh! les femmes sont bien changeantes; vous connaissez la chanson : Malheur à qui s'y fie !

— Mais ce n'est pas possible, répliquai-je, surtout après ses serments et les démarches inouïes que j'ai faites pour obtenir l'emploi qui était la condition même de notre union.

— Pour mettre ma responsabilité à couvert, me dit le brave homme en se levant, je vais prier ma femme de descendre et elle vous confirmera ce que je viens de vous dire.

La maîtresse de la maison était une charmante femme, distinguée, sérieuse et d'un dévouement admirable pour ses enfants qu'elle chérissait. Plus d'une fois dans ma vie j'eus pitié d'elle, lorsque la mort et la maladie de ceux qui l'entouraient vinrent, à tour de rôle, bouleverser son bonheur!

A l'époque où je me présentais chez elle, le destin ne l'avait pas encore éprouvée; je l'avais connue plus jeune; l'âge néanmoins avait déjà tracé quelques rides sur son visage et ses cheveux commençaient à blanchir. A son entrée dans le salon où son mari m'avait laissé pour l'inviter à descendre, remarquai dans ses traits une impression de tristesse qui me peina. Elle prévoyait, la pauvre femme, ce qui devait arriver et me plaignait déjà des souffrances que j'allais endurer.

— Mon mari vous aura dit, je suppose, me dit-elle, que ma fille n'est pas disposée à vous épouser et qu'elle prétend n'avoir jamais pris à ce sujet le moindre engagement.

— Je le sais, Madame, la nouvelle m'a surpris à tel point que je me demande, si je n'ai pas perdu la tête. Comment, j'aurais usé de toutes les influences pour obtenir les fonctions qui m'assuraient sa main, sans avoir d'elle les engagements nécessaires...

Il n'est pas possible qu'elle puisse le nier aujourd'hui.

— Pour vous en donner la preuve, me dit-elle, je vous mets tous deux en présence, expliquez-vous, la voilà!

Pauvre fille; qu'il était pénible pour elle, ce moment solennel, obligée, devant ses parents, de retirer sa parole ou de me tendre la main en signe d'engagement perpétuel. Elle me la tendit en effet, mais froidement, en prononçant mon nom, ainsi qu'elle en avait l'habitude. Son teint, habituellement coloré, était pâle; son regard plein de franchise, et d'habitude si souriant, s'était transformé. On n'y lisait plus rien; ni la haine, ni le dégoût, ni la colère, qui d'ordinaire remplacent chez la femme les premières impétuosités de l'amour. On ne pouvait mieux la comparer qu'à ces statues de marbre que l'artiste sculpte avec art, mais auxquelles il ne peut donner ni les battements de notre cœur ni les étincelles de nos yeux.

La scène fut poignante, mais de courte durée.

— Vous ne m'avez donc jamais promis de m'épouser? lui dis-je.

— Non, jamais! jamais! fut sa réponse.

— Mais cet engagement pris tel jour, à telle heure, à telle réunion, vous devez vous le rappeler?

— Non du tout; je n'ai jamais pris avec vous le moindre engagement. Je ne veux pas me marier, je ne le veux pas.

— Vous voyez que nous avons dit vrai, me dirent enfin les braves parents déconcertés. Notre devoir était de dégager notre responsabilité, notre rôle est terminé.

Nous avons toujours eu avec votre famille des relations de

trop bonne et sincère amitié, pour n'avoir pas cru devoir agir sans détour, comme nous venons de le faire.

C'en était fait de mes illusions de jeunesse : une chaumière et deux cœurs. Je m'en retournai les larmes aux yeux et tombai en pleurant dans les bras de mon père.

— Mais qu'est-ce que tout cela, me dit-il, après que je lui eus expliqué ce qui venait de se passer, pleure-t-on pour une femme qui ne vous aime pas, pour une femme sans cœur, qui voit vos larmes sans en être affectée et retire sa parole, rès l'avoir sincèrement donnée. Du courage, ne songez plus à elle; il y en a bien d'autres et de bonnes qui ne vous feront pas souffrir et vous rendront heureux. »

Je suis de ceux qui oublient vite les gens qui manquent de parole ou d'affection.

— Quoi, m'écriai-je, ce sont avec des caractères pareils qu'on s'engage dans les voies du mariage, au risque d'immoler son repos à des fantaisies sans fin.

Au diable la femme et vivent les femmes!

Oh! que cette exclamation est facile à un cœur éperdu, mais quelle est peu en harmonie avec certaine nature aimante, sincère, ouverte, cherchant le bonheur des autres et en demandant un peu en retour. Six mois après, mon père me prit à part et me dit :

— Voudrais-tu oublier l'offense que t'a faite cette femme et consentir à l'épouser? Elle te fait faire des excuses et t'offre sa main.

— Comment, m'écriai-je, me faire pareille proposition après m'avoir démontré qu'elle ne pouvait que troubler mon repos et m'avoir engagé à l'oublier. Jamais! jamais!

Ce fut mon dernier mot.

Les jours succédèrent aux jours; le travail fut dès lors mon seul soutien.

Quand aux installations laborieuses, pleines d'ennuis, de luttes, de tracas de toute sorte, vient succéder un calme relatif, les gens peu actifs se reposent sans soucis du lendemain. « J'ai mon panache, s'écrient-ils, que désirer de plus? La marmite bout, le rôti fume, adieu le passé, au diable l'avenir; mettons-nous à table et jouissons de la vie!

Oh! si cela était vrai, que l'homme serait heureux ici-bas. S'il pouvait seulement espérer le repos après vingt ans de laborieux efforts, qu'il bénirait le ciel de l'avoir introduit sur cette terre, pleine de merveilles que l'instruction fait découvrir avec l'âge.

Mais nos désirs insatiables ne nous laissent aucun repos, tandis que l'envie propage chez nos voisins tous les germes malfaisants de notre grossière nature.

Je ne pus, comme bien d'autres, jouir du repos après la lutte. Ce travail quotidien, réglé comme une pendule, me pesait lourdement.

Entouré d'enfants, égayé par une compagne pleine d'affection, j'aurais pu circonscrire mon bonheur dans d'étroites limites ; célibataire éprouvé, je ne pouvais que chercher en moi même ce qui manquait à mon activité. L'étude me prit. J'avais, durant 10 ans, abandonné tout en vue de ma carrière ; c'était le vrai moment de regagner le temps perdu. Pendant que je faisais une sotte besogne, mes camarades avaient passé à l'Université et je ne parvenais que péniblement à suivre les mille et une questions traitées chaque jour dans les journaux et les publications de toutes sortes.

J'empruntai des cours, j'achetai des ouvrages, je fis en plusieurs années le travail d'un étudiant tout en remplissant mes fonctions. Je n'étais plus seul.

J'eus même dans cette voie pu trouver le repos. Par malheur, j'avais en dehors de mes travaux un malade à soigner : c'était moi Jamais je ne m'étais bien porté depuis que j'avais pris possession du local que j'occupais.

Des fièvres continuelles et une maladie de foie qui s'ensuivit, altérèrent sérieusement ma santé. Cet état contribuait à aigrir mon caractère. J'aspirais à sortir de cette atmosphère surchauffée et malsaine ; je ne le pouvais pas.

Habitué au grand air dès ma jeunesse, je souffrais de ma captivité sans songer à y mettre fin, le travail m'ayant été indiqué comme une nécessité de ma position sociale. Les docteurs m'engageaient à prendre l'air, à faire de l'exercice ; je sentais mes forces faiblir, je ne pouvais remonter à la cause de cet affaissement.

Sur les conseils de mon père, je fis l'acquisition d'un terrain hors des murs d'enceinte de la ville, non loin de chez moi et je créai un établissement horticole.

C'était un moyen sensé de faire diversion à mes travaux monotones. L'horticulture étant intimement liée à la botanique, à la physiologie, à l'hybridation , j'avais là un champ si vaste à explorer, que je pouvais, tout en respirant le grand air, augmenter mes connaissances, m'introduire dans un monde nouveau et atténuer aussi les effets de ma maladie.

On me laissa faire, et je n'appris que plus tard que j'avais compté sans la maudite race humaine, que ni considération de santé, ni loyaux services rendus à une population tout entière ne purent apaiser. J'étais entouré d'amis, de parents, qui me voyaient à l'ouvrage et qui savaient que l'homme tient à son œuvre, comme un père à son enfant; que s'il a une tâche à remplir, il n'éprouve pas moins le besoin de se distraire ; qu'il ne peut, suivant le caprice de ses voisins, porter son affection, ses désirs, ses goûts, sur tel objet qu'ils lui auront indiqué ; que s'il en est qui aiment boire, manger et jouir grossièrement de tous les biens de la terre, distractions cependant peu recommandables, il en est d'autres qui recherchent des joies plus pures.

Les travaux que j'avais entrepris m'occasionnaient beaucoup de dépenses et absorbaient en grande partie mes économies.

C'était à mes yeux un virement de fonds que je devais tôt ou tard retrouver ou faire produire à la longue, ce dont je ne me souciais cependant outre mesure, le but que je me proposais n'étant que de me distraire. Quoique les curieux ne vinssent jamais chez moi, je ne pouvais cependant douter que la malveillance ne tramât dans l'ombre ses embûches, car parfois on me disait : « Vous travaillez inutilement, vos efforts n'aboutiront jamais à un résultat rémunérateur. »

Ils disaient peut-être vrai, les bons chrétiens, mais ils ignoraient les conseils que m'avait donnés mon père.

— Vos occupations, m'avait-il dit, vous retiennent à la ville, inutile de songer à aller habiter la campagne, qui est cependant dans vos goûts ; travaillez à vos plantes, cela vous distraira.

Je connaissais mieux que personne le chemin qui mène à la fortune, mais je n'avais garde de m'y aventurer parce que je n'ignorais plus que, pour arriver au but, il faut traverser un fleuve très dangereux.

Les dépenses que m'imposait mon exploitation étaient, ainsi que je viens de le dire, couvertes par mes économies ; je devais sans aucun risque les retrouver un jour, sans la malveillance à laquelle je m'attendais d'autant moins, que les services que je rendais chaque jour à mes concitoyens ne pouvaient que me valoir l'estime générale. Je me trompais. Je fus condamné à céder la place ; sans pitié on m'exécuta.

Oh ! je n'ai pas oublié cette guerre sournoise, à laquelle prirent part de nombreux camarades et jusqu'à ma propre famille. Je n'ai pas oublié les pénibles démarches que je fis, comme une bête traquée, afin d'obtenir l'assistance dont j'avais besoin.

Les personnes auxquelles je m'adressais étaient pourtant des industriels riches qui pouvaient aisément me rendre les petits services que je réclamais d'eux.

Ils restèrent inactifs en me témoignant une sympathie simulée.

Cette expérience des hommes, en affaire, me donne le droit et me fait un devoir d'ouvrir les yeux à ceux qui me suivent. Jeunes gens qui vous proposez une carrière industrielle ou commerciale, prenez note de mon expérience, ne vous y aventurez pas avant de connaître les hommes et leurs monstrueux complots. Si vous avez de l'argent, il est inutile de vous en procurer davantage ; s'il vous en faut gagner, le concours du banquier devient nécessaire.

Les affaires sans banquiers sont impossibles. En vous adressant à eux vous abdiquez votre indépendance et mettez votre avenir entre leurs mains.

Le capital qu'ils vous confient se mêle bientôt au vôtre et se confond si intimement dans toutes vos opérations qu'il vous devient indispensable. Vous vous êtes engagé à leur restituer les fonds à première réquisition ; comment le pourrez-vous, si la malveillance s'en mêle et que cette restitution vous

est réclamée à une époque de crise, précisément au moment
où vous avez le plus impérieux besoin de cet argent. C'est là
que nous attendent ceux qui veulent nous perdre ou nous
asservir. Ne l'oubliez jamais!

Mais il y a d'autres cas plus graves que notre organisation
sociale amène et auxquels nous ne songeons pas. ·

Un homme peut difficilement s'embarquer seul dans des
opérations de quelque importance. Deux ou trois associés
sont souvent nécessaires. Ne perdez pas de vue, qu'on peut
sous main, en diriger un vers un tout autre but que celui
que vous voulez atteindre. Il est un genre de procédés qui
n'a pas la réputation d'être déshonorant et qu'on pratique aisément, quand le but semble tout indiqué pour sauvegarder
des intérêts de famille et prévoir l'avenir. Vous avez, par
exemple, un associé capable, remuant, ambitieux, entrepre-
nant, possédant l'énergie nécessaire pour étendre vos affaires:
tout marche bien pendant plusieurs années; votre avoir a
grossi; vous pouvez compter plus sûrement sur l'avenir.
Tout à coup une crise survient dont vous ne pouvez vous
expliquer l'origine. Des fonds immobilisés entre des mains
cependant honorables ne rentrent pas. Vous courez aux ren-
seignements. On ne peut que vous répondre que les fonds
étaient en bonnes mains, mais que leur emploi a été malheureux et qu'il ne vous reste qu'à liquider.

Vous tombez des nues, de rage vous sautez à la gorge de
votre associé, qui, piteux et confus, ne sait que vous répondre.
Il vous montre des lettres, il prouve que toutes les précautions ont été prises pour sauvegarder les intérêts communs.

— C'est une fatalité, vous dira-t-il et peut-être derrière votre
dos, dans les ténèbres, des amis lui diront, lui tapant sur l'é-
paule : « Le tour est bien joué ! » — Et quel tour? me direz-vous;
l'homme est-il un voleur? — Oh! que non, mais alors?

Attendez pour le juger quelques années de votre vie. Peut-
être apercevrez-vous sur sa poitrine quelques marques de
distinction, prouvant à ses semblables qu'il n'a pas forfait à
l'honneur. Si plus tard encore sur votre route, au déclin de
vos jours, vous rencontrez un brave homme chargé d'un lourd
fardeau, posez-lui 'a question : Que portez-vous là? Je gage
qu'il vous répondra : Bon grain ne périt jamais.

Oh! la Providence, cette Providence si bénie, quelles souffrances n'impose-t-elle pas à l'humanité pour arriver à ses
fins. Sous prétexte de sauver les uns elle sacrifie le bonheur
des autres. Si vous recourez à elle pour garantir vos vieux
jours, elle vous écoutera peut-être, mais ce sera votre propre
peau qu'elle écorchera, pour vous la rendre chaudement
fourrée. Ne perdez pas de vue que pour agir il lui faut votre
signature. Ne vous étonnez donc pas si au clair de la lune,
un ami, un parent, sur lequel vous portez sans défiance toute
votre confiance, ne vienne réclamer votre procuration, en
vue d'un intérêt commun de nulle importance, que vous ne

songez même pas à contrôler. Le vide dès lors se fait autour de vous. Tout s'agite, se trame, s'arrange comme si vous, n'existiez plus sur terre et les hommes de paille, sans souci du lendemain, chantent entretemps les gloires du Seigneur.

Afin de me rendre compte des motifs qui portaient les gens à me nuire, j'interrogeai de côté et d'autre ceux qui pouvaient m'éclairer. Ils me faisaient le meilleur accueil, s'offrant même à m'aider, sans le faire; quelques-uns cependant fronçaient les sourcils et me parlaient plus franchement. Qu'avez-vous besoin de faire de l'horticulture, puisque vous avez une position? C'est comme si l'on disait à un prêtre: Pourquoi faites-vous le vigneron, puisque vous avez votre sacerdoce pour vivre? ou à un monarque: Pourquoi ne pas renoncer à tous les biens de la terre et vous consacrer tout entier au bonheur de votre peuple, alors que de nos deniers, nous remplissons votre caisse? C'est à mourir de rire! Il y a des gens qui ont une singulière manière d'interpréter la liberté et qui se croient toujours lésés dans la leur, quand les autres n'ont pas les mains liées. Mais, me dira-t-on, la liberté a des bornes, il ne faut pas qu'inutilement l'activité des uns nuise à l'intérêt des autres. Soit, mais alors il faut qu'à l'entrée des routes qui mènent au travail, on mette des écriteaux, informant le public qu'elles sont barrées; qu'à l'exemple des travaux publics on place des signaux, afin que les intéressés apprennent que, plus loin, très loin peut-être, se trouvent des fondrières profondes dans lesquelles, sans avis préalable, on peut tomber. C'est si juste que tant de gens, sans se douter des conséquences, que le régime entraînerait, tendent les bras vers les corporations du moyen âge. Oh! je sais bien qu'on cherche à rapiécer le présent avec les haillons des temps passés, mais je prétends que le vin n'est bon, que quand il est pur et que sans artifice on peut le faire apprécier de tous.

Il n'y avait d'ailleurs dans le cas qui me concernait, rien qui fût de nature à provoquer la jalousie, puisque mon travail ne pouvait que rehausser une industrie pour laquelle l'État même faisait des sacrifices. Il y a des gens étrangers aux luttes de chaque jour qui ne comprennent pas que, sans fortune, il faut faire produire au peu d'argent qu'on possède tout ce qu'il peut rendre, sinon en accroissement du capital, tout au moins en vue de jouissances quotidiennes.

Au milieu de mes déboires on me disait parfois: la vie est instable, on n'est jamais sûr du lendemain. Mais, s'il en est ainsi, comment se fait-il qu'autour de vos usines vous construisiez des maisons ouvrières, destinées à devenir la propriété de vos ouvriers?

Est-ce pour vous les approprier à jamais par l'intérêt

qu'ils auront à rester dans leurs foyers, où est-ce en vue 's-
surer leur avenir, de donner à leur existence une stal
qu'ils ne connaissaient pas jadis? Mais vous, qui prévo,
l'instabilité de toute chose, êtes-vous donc bien sûrs de rester
en place? Êtes-vous bien certains que des chocs inattendus
ne viendront pas un jour détruire votre œuvre, déplacer le
centre de vos opérations et réduire à néant la valeur de ces
chaumières, acquises par vos ouvriers au prix de grands sa
crifices.

Que les gens qui nous gouvernent sont inconséquents et
combien nous sommes misérables de n'être que leur jouet.
Ils veulent nous apporter le bonheur en gros et nous mènent
à travers toutes les souffrances vers un idéal qu'ils cherchent
à nous faire apprécier, alors qu'ils se sont créé le leur à leur
fantaisie.

Nous ne pouvons nous préoccuper des aspirations de cha-
cun, disent-ils, le détail nous en prendrait trop de temps.

Les Pithécanthropus n'avaient que des fruits; vous avez du
pain aujourd'hui, de quoi vous plaignez-vous? Prise au pied
de la lettre, la réponse est juste; les docteurs ont raison.

Jamais dans les temps passés l'homme n'a joui de pareille
abondance; s'il souffre, c'est qu'on lui montre le bonheur là
où il n'est pas. Pour l'entraîner au travail dont les plus malins
seuls profitent, on crée chez lui des besoins qu'il n'avait pas
autrefois et on le transforme en peu d'années en un. infirme
corporel, intellectuel et moral. Dans sa douleur il crie vengeance; il se sent trompé, joué, la victime d'un pénible aveu-
glement. Il voudrait lutter, s'en prendre à tous ceux qui l'en-
tourent faute de ne pouvoir se plaindre à ceux qui ne sont
plus, mais les forces et les capacités lui manquent, car il n'a
jamais été qu'une machine, que la division du travail abrutit
chaque jour de plus en plus.

Et d'où vient tout ce mal? De cette faute impardonnable
de ne pas prévoir les effets de la cause.

On constate depuis un siècle l'accroissement considérable
des productions les plus variées, la richesse chez tous les peuples civilisés, les fortunes accumulées entre quelques mains
puissantes, parfois même l'abondance chez ceux qui la méri-
tent le moins ou chez d'autres qui en font un mortel emploi
pour eux-mêmes ou pour leurs semblables. On constate tout
cela sans songer aux conséquences qu'un tel état de chose
doit entraîner.

Chaque nation fait marcher son ménage à sa guise, comme
si les fautes des unes ne portaient pas préjudice à leurs voi-
sines. Les unes ouvrent leurs portes, les autres les ferment; c'est
en tyrans, en conquérants, que certains monarques marchent
en avant, tandis que d'autres, moins soucieux de l'avenir,
bercent les populations en leur parlant de paix et de concorde.

Tout cela se fait sur le dos des pauvres hères, qui ne comprennent guère, que les coups qu'ils reçoivent et les souf-

frances qu'ils endurent. Et, chose étrange, c'est justement au fur et à mesure que les peuples se civilisent et s'instruisent, que croissent en puissance les engins les plus meurtriers.

Quelle insulte à la civilisation, quel outrage pour ceux qui travaillent et souffrent.

Si le génie humain est capable de transformer toute chose, comme il le fait aujourd'hui, en laissant entrevoir une richesse plus grande encore dans l'avenir, pourquoi ne pas prélever sur cette richesse des fonds de prévoyance, de manière à atténuer les conséquences de cette lutte pour l'abondance, qui n'est en réalité pour tous, riches et pauvres, qu'un vain appât, dont se servent les gouvernements, pour les lancer systématiquement dans une voie, qui les mène trop souvent à leur perte.

Si les caisses étaient mieux fournies, il ne faudrait plus dire à ceux qui souffrent ou que la malveillance a perdus: Attendez, tirez-vous d'embarras, prenez surtout patience, car il y en a bien d'autres qui doivent passer avant vous.

S'il faut marcher dans la voie qu'on a suivie jusqu'à présent, la répartition de la richesse sera toujours chose fort difficile, car si la liberté sert au développement de la richesse, c'est elle aussi qui en entrave la répartition. Attendra-t-on, pour y porter remède, que toutes les nations soient en guerre, défendant chacune ses propres intérêts au détriment des masses. Et pourtant le danger est inévitable; nous avons devant les yeux des exemples qui ne peuvent nous en faire douter.

Qui a lu l'histoire, sait combien futile étaient parfois les motifs; qui donnaient lieu à des guerres désastreuses. Quand aux rivalités des principautés succédèrent les convoitises de monarques puissants et non moins prodigues du sang de leurs sujets, les luttes n'en devinrent pas moins rares. Aujourd'hui même que les gouvernements constitutionnels octroient au peuple une partie de la souveraineté réservée jadis aux monarques les plus autoritaires, la paix est loin d'être assurée; un malaise général présage de cruelles représailles; l'opinion publique, inquiète à juste titre, réclame à grands cris la paix, la concorde, l'union même des Etats européens.

Timidement cependant, à l'ombre se forment des bataillons qui sauront, à l'heure dite, arborer leur drapeau au nom d'une souveraineté quelconque qu'ils habilleront au goût du jour.

Le peuple prétera sans nul doute l'oreille aux rhéteurs, ainsi qu'il le fit à travers les siècles passés et soit par manque de vivre, soit par désir inassouvi de plaisirs, il troublera lui-même cette paix tant désirée aujourd'hui. Entretemps on s'occupe des déshérités; on fait miroiter à leurs yeux toutes les béatitudes dont ils jouiront plus tard, sans songer d'abord à jeter les bases d'une entente internationale sans laquelle tout est précaire.

Avant de créer pour l'avenir, il faut tout d'abord en écarter ce qui peut le compromettre.

Quel est l'insensé qui ensemencerait son champ, si la foule avait le droit de s'y promener? C'est pourtant ce droit que s'arrogent les nations, lorsque, passant la frontière, elles font valoir la raison du plus fort.

Au temps des Romains (que les orateurs modernes invoquent si souvent, oubliant que nous vivons sous un régime humanitaire inconnu jadis) les gens se bornaient à réclamer du pain et des plaisirs; *Panem et Circenses* étaient leurs cris, leur seule aspiration, je dirai leur seule prétention, exorbitante déjà, puisqu'ils vivaient dans une oisiveté presque complète.

Aujourd'hui que l'on prétend mettre tout le monde à l'ouvrage, qu'on exige du travailleur non seulement la force de ses muscles, mais l'effort de toute son intelligence, il faut par humanité et par justice le mettre à l'abri des surprises de l'avenir. Il faut qu'on le traite en chrétien puisque c'est à ce titre qu'on lui impose des devoirs et des sacrifices; qu'on le guide avec bonté, non en l'éclairant au moyen des flambeaux de l'antiquité, mais en lui inspirant le goût de l'instruction et les joies du foyer; qu'on ne lui montre pas son compagnon de labeur comme un rival prêt à lui enlever son pain, mais comme un infortuné mortel, obligé de se tracer un chemin au mieux de ses intérêts.

Persuadé que la vie est dure pour tous, il ne croira plus à ceux qui lui montrent le salut dans des révoltes préjudiciables à ses intérêts.

Son patriotisme surtout doit être imprégné d'un profond sentiment de fraternité. C'est à tort qu'il s'écrierait dans un moment de folle ivresse, comme jadis la foule à Rome, *civis romanus sum*, vivons aux dépens des autres.

Ce serait réclamer à grands cris le retour de l'esclavage, dont il serait la première victime. Non, mille fois non, il ne nous faut pas vivre aux dépens des autres, car ce serait tout juste fournir à nos rivaux le droit de nous dépouiller à leur tour.

Mais de ce que nous ne voulons pas dépouiller nos voisins, il ne résulte pas, qu'ils ne puissent prendre eux-mêmes l'offensive. Il faut donc prévoir l'avenir et ne pas bâtir sur du sable mouvant.

C'est à ceux qui ont en mains le sort de leurs sujets, qu'incombe le devoir d'éloigner tous les conflits, par des engagements réciproques et aux peuples celui de tenir la main à ce que ces engagements soient respectés.

Sans ce contrat formel, le travailleur reste exposé à se voir enlever subitement toutes ses économies, le fruit d'une vie laborieuse et jusqu'à la consolation d'avoir été un honnète homme.

Plus les rhéteurs augmentent en nombre, plus leurs phrases sont ronflantes, leurs discours éloquents; plus il importe aux gens sérieux de se tenir à distance. Ce n'est pas avec des discours qu'on remplit les caisses et moins encore avec le butin de guerre. Il est de notre devoir d'instruire ceux qui nous suivent, de les mettre en garde contre les mille et un traquenards qu'on leur tend sans cesse, tantôt en leur prêchant des vertus que les docteurs ne pratiquent pas eux-mêmes, tantôt en faisant appel à leur générosité. Si le nécessaire importe à tous les instants de la vie, le superflu du présent peut être le nécessaire de l'avenir. C'est pour m'être fié trop à l'amitié des autres, pour leur avoir prêté des sentiments et des vertus qu'ils n'avaient pas, pour n'avoir pas éteint en moi ce que mon éducation première y avait laissé de contraire à la raison, que j'ai tant souffert.

Tandis que la paix, l'ordre et l'économie sont les conditions essentielles de la prospérité du travailleur, la guerre et le désordre font au contraire la fortune des oisifs. La loi elle-même se montre si favorable au pillage, qu'elle indique à l'avance comment doit s'effectuer le partage du butin, tout comme au temps des Romains. Il suffit de créer le prétexte pour attirer l'adversaire, le reste suivra son cours en vertu de l'obligation qu'a tout citoyen, de concourir à la défense nationale. Non seulement l'homme laborieux perd à ce jeu sa fortune et jusqu'à ceux qu'il chérit le plus, mais y sacrifie encore sa propre vie, alors que les malins, les vrais coupables, ayant de loin préparé la lutte, sauront par eux-mêmes, ou par autrui, moissonner au bon moment.

Les temps sont passés où l'homme honnête pouvait se reposer sur ceux qu'il servait et attendre avec confiance la récompense de son zèle et de ses vertus. Les gens qui cherchent à vous rendre meilleurs ne se soucient nullement de vous mettre à l'abri de vos ennemis. Or comme ce n'est pas avec des vertus que l'on se défend, mais avec des armes et des plans préparés longtemps à l'avance, on est à la merci de ses adversaires à la première rencontre. J'avais la conscience si intime de ma faiblesse, que j'ai renoncé sans hésiter à la lutte, quand elle s'est offerte, n'ayant jamais dans ma vie prévu la moindre hostilité. Ce que j'ai hérité de mes souffrances n'est pas l'amour du prochain, mais un égoïsme profond, que je ne chercherai jamais à détruire chez autrui, convaincu qu'il est la sauvegarde de tous au temps où nous vivons et peut-être plus encore à celui qui nous attend.

Je reconnais que durant le dernier siècle les administrations publiques ont réalisé de grands progrès, en vue de soulager les plus malheureux, mais je prétends aussi, que rien n'a été sérieusement tenté pour mettre un terme à nos luttes sociales et internationales, qui entraînent avec elles des souffrances d'autant plus révoltantes, qu'on les tient cachées, n'ayant aucun moyen de les soulager. Pour dissimuler à la foule le malaise général, on berne les uns tandis qu'on amuse les autres. Peut-on songer à enrayer les abus, moraliser les gens et empécher que les sept péchés capitaux n'entrent dans les familles, où on ne les connaissait pas jadis, quand le désordre règne en maître.

Tel on traite les affaires en grand, tel aussi l'on veut conduire l'humanité sans souci de la famille, ni de nos aspirations. C'était pourtant l'amour du foyer, l'attachement à la propriété qui étaient autrefois la source du vrai patriotisme. Aujourd'hui que pour se tirer d'embarras, pour obéir aux exigences des circonstances, ou se soustraire à des luttes écœurantes, le citoyen est obligé de partir à l'aventure, que peuvent lui faire les grands discours qu'on jette au vent en déployant le drapeau. Il sait qu'il fait chaud à le défendre et que s'il est de trop à la curée, on n'y regardera pas à deux fois pour l'écarter. Le Cosmopolitisme sera donc bientôt la vraie ressource des gens prévoyants, comme l'est aujourd'hui la politique chez les plus rusés.

Quand autrefois les Espagnols, jaloux des Maures leurs compatriotes, plus intelligents et plus artistiques, jugèrent à propos de leur faire la guerre, de niveler leur sol couvert de merveilles et d'y substituer des roches arides, il n'en résulta bientôt pour le pays que l'anarchie et une vaine gloriole soldatesque, qui le fit ce que nous le voyons aujourd'hui.

Quand l'Italie, à son tour, lasse de guerres de toute sorte, obérée, divisée chez elle, en fut réduite à pleurer son glorieux passé, elle dut sacrifier une partie de sa population, réduite à passer à l'étranger, faute de ne pouvoir vivre au sein de là mère patrie. Les descendants de ces Romains si dédaigneux de l'étranger, étaient cette fois forcés d'aller leur demander l'hospitalité. Là même où se manifestait le patriotisme le plus orgueilleux par ces mots : *Civis romanus sum*, on n'entendait plus que la désolante prière du malheureux, implorant la charité. Ces exemples navrants ne suffisent-ils pas encore pour nous inspirer la sagesse et nous rendre la raison ?

* *

Le peuple se dit aujourd'hui mieux partagé, parce qu'il se proclame souverain, ne laissant au monarque que les fonctions de maître de cérémonie ; mais croit-il le monarque qu'il paie pour faire de la politique, assez sot, pour ne pas profiter de ses querelles au profit de ses intérêts. Et c'est quand nous avons devant les yeux le résultat de tant de luttes, qui n'ont jamais eu pour issue que la défaite du plus faible, qu'on nous parle le langage des temps passés ! que dis-je, c'est tout juste au moment où le peuple croit s'être débarrassé du despotisme, que ceux qui se flattent de défendre ses intérêts, crient plus haut que jamais : Pas d'explications. Quel intérêt le citoyen aurait-il à défendre et à aimer son pays, si, privé du droit de réclamer aide et protection, l'autorité peut à son tour lui répondre : Pas d'explications ! En présence des luttes qui nous divisent et qui n'ont que l'intérêt pour mobile, il faut un tribunal d'arbitrage aussi bien national qu'international, de manière que nous puissions défendre nos intérêts compromis, sans avoir recours à l'appui d'un groupe quelconque, dont les chefs n'ont en définitive qu'une mission, celle de nous premener à travers toutes les vicissitudes, pour nous ramener finalement au point de départ. Le jour où les meneurs seront rendus responsables des dommages qu'ils occasionnent, les politiciens y regarderont à deux fois avant de troubler l'eau, afin d'y pêcher plus à l'aise. Ce sont eux souvent qui déploient le drapeau du patriotisme eux qui n'ont rien de plus pressé que de passer la frontière quand leurs intérêts les y appellent. Si nous écoutions les farceurs qui ne tiennent à nous qu'autant que nous leur rendons service et que nous ne leur portons aucun ombrage, qui nous exécutent sans merci dès que nous les gênons, que deviendrions-nous, s'ils parvenaient encore à nous rendre nos voisins hostiles et nous fermer toutes les issues? Telle qu'elle se présente, la lutte est vaine et ne peut donner aucun fruit. Des gens honnêtes cherchent, il est vrai, dans des voies pratiques, le moyen de remédier à tant de désordre, mais leurs efforts seront inutiles, tant que l'entente ne sera pas tout au moins européenne. Car, aussi longtemps qu'il y aura un coin sur la terre où l'homme fortuné pourra cacher son bien, il l'y portera plutôt que de l'abandonner à autrui. Or, s'il est possible d'améliorer le sort des déshérités en les forçant de faire des économies, ces économies, même encouragées par l'État, ne peuvent suffire à assurer leur sort dans des proportions vraiment humanitaires. C'est donc le riche qu'il faudra réduire à la portion congrue, ce qui me paraît irréalisable jusqu'au jour où il fera lui même sacrifice d'une partie de sa fortune. Il serait vraiment risible d'espérer pareille solution à une époque de rapacité générale. C'est donc à l'union des peuples qu'il faut renvoyer la solution du problème et non décrier le cosmopolitisme, qui peut devenir le seul salut, quoi qu'il puisse en coûter à l'ambition des souverains. Les budgets resteront toujours obérés, il est vrai, mais ce sera tout au moins au profit des moins fortunés, qui feront cuire plus de pain et forgeront moins d'engins de guerre. Je dis moins, car il en faudra toujours pour tenir en respect ceux que la civilisation n'aura pu transformer. Tout au moins nous aurons fait disparaître cette source de fortune, que tant de gens demandent à la guerre, au détriment des plus laborieux. Les spéculateurs souffriront nécessairement; mais, hélas! faut-il que la progéniture d'un boursier soit mieux partagée que celle d'un respectable père de famille, dont toutes les économies ont été consacrées à sa nombreuse famille. Il y a dans la solution du problème social un monde de surprise et bien audacieux me paraît celui qui, sur des thèmes rabâchés, répète à la foule les refrains du passé.

Il est certainement plus aisé d'adapter les sacrifices aux

circonstances, de tirer à la corde tant qu'elle ne se brise, mais c'est pour n'avoir pas prévu l'avenir, que tant de nations sont allées à la dérive.

Que les petits peuples soient mangés à la longue par de plus puissants, cela me parait inévitable avec les principes consacrés aujourd'hui. On leur dira comme à moi, alors que je m'indignais des ignominies dont on m'abreuvait : Allez, allez, vous êtes si peu de chose. — Soit, m'écriais-je, mais m.es droits, après tant d'années de sacrifices et de travail? Vos .'roits, me répondait-on, vous les avez, surtout celui de vous taire. Croiton que cette désinvolture à traiter les hommes et les choses à la façon d'antan, ainsi que nous en avons un exemple chez une nation, qui n'est en somme ni autocratique ni républicaine, n'est pas à la veille de se reproduire partout, tandis que l'on affiche sur tous les murs la « Déclaration des Droits de l'homme »?

Quelle honte pour cette société d'élite, qu'on nomme dirigeante et qu'on appellerait tout aussi bien digérante, de s'en prendre au plus inoffensif des mortels, afin d'en retirer le plus grand avantage, au prix de ses jours! Avoir toutes les armes à la main et lutter en masse contre un adversaire désarmé, quelle lâcheté!

La politique du servilisme, pas plus que celle des conventions de nation à nation, n'a porté de fruits durables. Je doute même que la force, basée sur les ressources financières, puisse sauver à leur tour les nations les plus puissantes, si le peuple instruit, convaincu que le mal dont il souffre peut être atténué, cherche avec ses compagnons d'infortune les moyens d'y porter remède. Mais le pourra-t-il? La besogne est difficile, pleine de déboires. Comment étudier des questions économiques si complexes, quand la tâche de chaque jour est déjà si rude. Il faudrait un monarque puissant pour les mener à bonne fin et nous savons que celui qui en eut la généreuse initiative a échoué dans ses efforts.

Faut-il désespérer de l'avenir? Je ne le pense pas. Nous marchons si vite vers l'inconnu, que bien des surprises nous attendent.

Entre temps, lecteur, soyez sur vos gardes, méfiez-vous des rhéteurs. Ne craignez non plus les politiciens, car, que vous les traitiez en amis ou que vous les envoyiez au diable, le résultat sera toujours le même. J'ai eu pour mon prochain les plus grands égards; tous ont contribué à ma perte, y compris ma propre famille.

Restez honnête et libre; n'entrez dans aucun compromis; n'achetez votre bonheur à aucun prix, car tout marché est une duperie, fût-il fait avec les plus puissants de la terre. Le bonheur est en nous; on peut nous le ravir, jamais nous le donner que conformément à nos propres aspirations. Le travail y contribue, parce qu'il nous fait oublier les amertumes de la vie et en augmente les jouissances. Les vertus mêmes nous rendent meilleurs et nous apportent des consolations, mais ce serait en vain que nous en chercherions la source chez ceux qui ont pour mission de nous sauver.

⁂

Contrairement au droit dont jouit le premier venu, de s'adresser à l'autorité dès qu'il se sent lésé, les nations doivent se rendre justice elles-mêmes.

Depuis la similitude d'intérêts chez tous les peuples civilisés, animés des mêmes désirs, élevés aux mêmes écoles d'activité et de fraternité, il ne peut plus être question pour le bien de l'humanité, de leur laisser le libre arbitre. Ce qui est vrai en deçà des mers, l'est aussi au delà. S'il y a, d'après la latitude et les climats, des considérations spéciales dont il faut tenir compte, il est certain que la moyenne des populations se valent. Du moment où les nations sont solidaires de leurs actes, une répartition plus équitable de la richesse devient possible, ce qui n'est pas le cas aujourd'hui. Si les frontières se déplacent, les peuples changent de nom et de maitre, les gouvernements de système, comment vous autres, au gouvernail, ferez-vous virer vos hommes vers toutes les béatitudes dont vous les bernez? Vous m'octroyez la liberté sous toutes ses formes en me mettant au travail; je n'ai plus qu'à jouir de tous ses avantages; mais vous omettez d'ajouter que la liberté appartient aussi à ceux, qui ont juré ma perte et vous prétendez ne pas m'écouter, quand je viens réclamer aide et protection. Voilà cependant la vérité vraie que, d'après ma propre expérience, je puis affirmer.

Mais les intérêts qui me concernent ne sont rien en proportion de tant d'autres, compromis souvent de la même façon. Ce ne sera donc pas moi qui, au nom de la politique actuelle des nations et afin d'en tirer de grands avantages, bernerai mes semblables, en leur disant : Le ciel est pur quand l'orage gronde, le temps est couvert quand les étoiles brillent, il y a du brouillard, quand de Meudon, de Sèvres ou de Saint-Cloud, on aperçoit le Trocadéro.

Je ne trompe personne et jamais ne le ferai.

Si l'humanité est vicieuse par atavisme, il faut l'empêcher de nuire, la rendre meilleure, lui démontrer, au fur et à mesure qu'elle perçoit mieux les choses, qu'on cherche réellement son bonheur et prendre à cette fin les mesures nécessaires, mais non la tromper. Or je le dis et le répéterai toujours, telle qu'on la mène, elle ne peut aller qu'à sa perte. Quand j'entre dans tous les détails de cette administration sociale, si vénale, si décourageante, si sale au fond, je me demande comment un homme puissant n'élève pas la voix, pour y porter remède, non en y appliquant un emplâtre qui couvrirait la plaie sans la guérir, mais en portant un coup violent à cette vieille machine, en opposition directe avec la transformation scientifique de tout ce qui nous entoure et l'extension rapide de l'instruction.

Quand je dis détruire, je n'entends nullement user de moyens violents, propres à faire beaucoup de mal pour n'arriver à aucun résultat pratique; j'entends encore moins donner carte blanche à des meneurs habiles, imbus d'idées personnelles, pleines de détours si tortueux que les plus malins n'en peuvent sortir; aux finauds, toujours enclins à préparer volontiers un échec, afin de démontrer à ceux qui les mènent dans une voie qu'ils réprouvent, que leur système est mauvais.

Quand les chrétiens d'autrefois disaient, les mains jointes : Seigneur, préservez-nous de tout mal, ils n'entendaient nullement s'en rapporter, comme les anciens, aux oracles de la Pythie. Ils attendaient avec confiance, en retour de leurs bienfaits, la récompense qui leur était promise.

Nous n'en sommes plus là. A travers les siècles, les luttes ont été vives entre les États, pour terrasser les plus faibles. Ils sont réduits aujourd'hui à un petit nombre en Europe. Faut-il attendre qu'il n'y en ait plus qu'un seul, pour obtenir cette unité de vue, d'action, cette stabilité si nécessaire à toute bonne organisation? Faisons tomber ces monstrueuses frontières qui nous séparent, nous tous qui n'avons aucun motif de haïr nos voisins; tendons-nous la main, aimons-nous les uns les autres, mais entre temps gardons-nous bien d'une fausse fraternité et ne nous laissons pas conduire au bonheur par ceux qui ne l'ont probablement jamais ni trouvé ni goûté.

Sous prétexte de désaccord, de divergences de vue, d'intérêt, on rend les négociations difficiles et toujours longues; des événements inattendus viennent encore ajourner les solutions le plus vivement attendues, sinon les interrompre. Et c'est en nous recommandant la patience qu'on nous mène à la tombe.

Mais, me répondront certains docteurs aigris par les déceptions qu'ils ont rencontrées, ignorant qu'il y a des riens dans la vie qui nous donnent le repos : Nous ne sommes pas sur la terre pour jouir, mais pour souffrir.

Des gens pareils ne sont pas faits pour parler à la foule honnête, économe et laborieuse. Autant il est utile de moraliser nos semblables, en leur faisant comprendre que, par suite de nos désirs insatiables, le bonheur parfait n'est pas fait pour nous, autant aussi il est mauvais de décourager les travailleurs, qui ont déjà tant à lutter contre la maladie, les afflictions inévitables, les accidents de toute sorte.

Mourir dans ses œuvres, c'est mourir deux fois et bien coupables sont ceux qui provoquent pareil malheur. Or ceux qui défendent à tout prix notre état social, qui veulent maintenir debout précisément ce qui doit nous diviser, ceux-là ne veulent pas notre bien. N'est-il pas honteux que, pour obtenir

notre pain quotidien, l'estime et le dévouement de nos semblables, il faille nous déshabiller complètement afin de
prouver, comme les bœufs destinés à l'abattoir, que nous
portons le cachet de passe.

Si l'on m'oppose ces mots : Mais tout le monde passe par
là, c'est la base de nos institutions, sans lesquelles nous ne
pourrions gouverner; c'est la loi universelle chez tous les
peuples chrétiens. — Si c'est ainsi, répondrai-je, je serai Maho-
métan, Bouddhiste, Brahmaniste, tout ce que l'on voudra,
jamais chrétien. Je n'infligerai pas aux autres les tortures
qu'on m'a fait endurer. De pareilles lois ne sont pas faites
pour le bonheur des nations; elles ne sont en réalité que des
moyens adroits, pour mener d'en haut les hommes par le bout
du nez, les condamnant à la torture et les entraînant aux
plus audacieux complots, si leur bonté ne les détermine à
donner la préférence au suicide, qui plus rapidement met fin
à leurs souffrances.

J'admets les plans tracés, les voies larges, par lesquelles
doit passer le progrès avec ses exigences et son inexorable
volonté, mais j'exige que l'autorité soit là pour enregistrer
les dégâts, fixer les indemnités et porter secours aux malheureux blessés.

Dès lors la voie se nivelle, les chocs sont moins douloureux,
le but est atteint sans pénibles douleurs. Les mœurs s'adou-
cissent, la justice veille et le passé, avec ses horribles
cruautés, disparait peu à peu dans la nuit des temps.

Je me rappelle du jour où, pour la première fois, on appliquait la loi sur l'expropriation!

Des cris de rage s'élevaient de tous côtés. — Comment, disaient
les propriétaires, oser toucher à nos propriétés! faire passer
des rails sur nos champs, couper nos jardins pour élargir les
fleuves ou modifier le cours de leurs eaux! Où allons-nous?
Ne sommes-nous donc plus les maitres chez nous? L'indigna-
tion des Chinois à la vue de leurs tombes profanées me
rappelle ces temps-là. Le croirait-on, il n'y a qu'une trentaine
d'années de cela et tout est rentré dans le calme. Plus personne ne proteste, parce que la loi s'est montrée équitable à
l'égard des intérêts lésés et que les besoins contemporains
ont prouvé la nécessité absolue de pareils procédés.

Que seraient nos villes, toujours de plus en plus peuplées,
si chaque propriétaire avait le droit de rester dans sa demeure
et d'empêcher l'élargissement d'infectes ruelles. Ne mettrait-
on pas sans les voies ferrées des semaines, pour aller de
Paris à Marseille.

Devant les exigences du progrès, les nations comme de
simples particuliers doivent courber la tête; nous devons
tous obéir. Mais si des sacrifices s'imposent aux uns, d'autres
en profitent et c'est à la justice d'en apprécier la valeur et
l'indemnité doit s'ensuivre, non 20 ou 30 ans après à la suite
de nombreuses formalités trainées en longueur, tout juste

pour permettre à ceux qui tiennent les cordons de la bourse de ne pas les délier, mais dans un délai fixé par la loi, ainsi qu'elle le prescrit généralement ailleurs.

Il n'y aurait donc plus nécessité de faire mourir les gens dans leurs œuvres, comme le Christ pour l'humanité, sous prétexte qu'elle irait à sa perte sans cela.

La question sociale s'est totalement transformée. On ne peut comparer une époque où les armées allaient chercher au loin les grains nécessaires à nourrir la population inactive, à la nôtre, où la majorité des gens travaillent et où, sans exception, tous devraient avoir leur tâche. Quand partout on vante les bienfaits de la liberté, il est inadmissible qu'au nom d'une autorité qui se tient à l'écart, on puisse détruire notre œuvre et nous envoyer promener, sans tenir compte de nos justes récriminations. Ceux qui nous gouvernent ont généralement l'oreille dure, surtout pour ceux dont ils ne peuvent tirer aucun profit. S'ils commandent, ils veulent être obéis et, à cet effet, prennent des serviteurs sur lesquels ils puissent compter. Cela est parfaitement raisonnable, si sage, que j'ai toujours eu soin de me tenir à l'écart de ceux qui menaient le troupeau, persuadé que, n'en faisant pas partie, je ne pouvais être qu'une gêne. De même que je n'aime pas les gens qui me parlent en patois, exprimant ainsi des idées que je débrouille mal, de même j'ai toujours détesté les gens me parlant en termes voilés, usant de métaphores pour me faire comprendre que j'étais un imbécile. Si la langue est donnée à l'homme pour déguiser sa pensée, ainsi que certains le disent et le prouvent, jamais sentence ne s'appliquait mieux qu'à ceux que j'évitais.

S'il est prudent, pour ceux qui ont de graves responsabilités en mains, de ne pas dévoiler leurs projets, il est d'une importance plus impérieuse encore, de ne pas jeter au rebut ceux qui les dérangent, sans se soucier des conséquences que peuvent entraîner leurs actions. On peut agir sous l'impression d'une impatience passagère, parfois aussi pour augmenter son autorité ou sa popularité, les conséquences n'en restent pas moins les mêmes. Nous allons le voir à l'instant.

J'ai toujours eu pour principe de rendre aux gens la monnaie de leur pièce. Vous me rendez service, je vous le rends avec plaisir; vous m'aimez, je vous suis dévoué; vous m'accueillez poliment, je suis des plus aimables. Pas de compromis sournois, de procédés équivoques. Il faut qu'on me regarde franchement et qu'on agisse de même; sinon les relations sont vite rompues. Cette manière de faire m'a toujours réussi, en tenant loin de moi des gens, qui n'auraient jamais su que me faire beaucoup de mal.

Qui ne connaît ces farceurs qui étant en mesure de vous faire plaisir, vous disent: C'est dommage, le service que vous me réclamez aujourd'hui j'aurais tout juste pu vous le rendre hier. — A propos, avez-vous reçu la visite d'un tel? je l'avais envoyé pourtant. — Vous m'avez écrit, je n'ai pas reçu votre lettre. Charmé de vous obliger; comptez sur moi; il vient me voir à tout instant, c'est mon ami; ne vous préoccupez pas de la chose, j'en fais mon affaire. Le temps passe, rien ne se fait naturellement.

Il y a des malins qui divisent l'humanité en deux groupes : les dupes et les dupés. Persuadés de cette vérité, ils se mettent comme de juste du meilleur côté et laissent gémir les autres.

Ont-ils tort! Évidemment non; avec le caractère et le mobile qui les font agir ils sont tout juste en société de leurs pareils, et le paradis qu'ils rêvent ne serait qu'un enfer pour les autres.

Remarquez que cette désinvolture à se moquer d'autrui est des plus contagieuses. Elle surgit dès l'enfance et se propage dans toutes les classes de la société avec une facilité inouïe. Des gens peu doués s'en font un titre de gloire et, jusqu'aux nègres, peuvent se vanter d'être nés malins à leur façon.

J'avais, comme je l'ai dit, confié le soin de mes intérêts à mon frère, que je croyais incapable de me jouer un mauvais tour. En lui remettant ma démission, je le priais de n'en faire usage qu'après s'être assuré qu'aucun ennui ne pouvait en résulter. Il savait que j'étais malade; qu'un grand repos m'était nécessaire; que je ne pouvais partir à l'aventure, sans garantie ni sans soutien. Quand à bout de ressources, après trois ans d'absence, je lui rendis visite, je ne pus croire à la réalité de ses paroles. Mais, lui dis-je, il avait été bien convenu qu'on ne me mettrait pas sur la paille. Que va-t-on faire maintenant pour moi? trois années se sont écoulées, le calme s'est rétabli, ma bourse est vide; comment faire pour la remplir? — Ah! quant à cela je n'en sais rien, me dit-il; il faut vivre de ce que vous avez. — Mais, m'écriai-je, vous savez bien, puisque je suis votre frère, que mes ressources ne me permettent pas de vivre sans travailler. Il se montra très pressé, très désireux de mettre fin à la conversation et me quitta en me répétant la même chose : Vivez de ce que vous avez; si vous attendez des faveurs, vous attendrez longtemps; car il y en a bien d'autres qui se trouvent dans le même cas et qui passeront avant vous.

Ainsi j'avais à vivre au jour le jour, à manger petit à petit mon patrimoine, tandis que mon frère, très bien installé, sûr du lendemain, manquant au plus sacré des devoirs, m'abandonnait au désespoir. C'était un abus de confiance des plus révoltants. Aussi ne m'a-t-il plus jamais donné signe de vie et est-il mort sans m'avoir exprimé le moindre regret.

Que me restait-il à faire sinon m'armer de courage? J'avais, à la recherche d'un meilleur sort, épuisé la patience de tous mes amis, ma famille même ne voulait plus écouter mes plaintes. La vie est courte, pourquoi vous chagriner, disait-on;

allez au loin, voyagez, cela vous distraira. Les conseils étaient faciles à donner, mais il m'était impossible de les suivre. Pour voyager et se faire ouvrir les portes, il faut do l'argent; il faut surtout que les gens tiennent à vous recevoir et à vous accueillir amicalement. Pouvais-je prétendre à cela, moi qui n'avais depuis si longtemps reçu la moindre marque de sympathie !

Paris fut mon refuge. J'avais là de quoi me distraire sans dépenser, de quoi m'occuper intellectuellement sans trainer derrière moi des livres, dont je ne pouvais encombrer ma chambre à l'hôtel. L'étude est certainement le meilleur moyen de faire oublier le chagrin, mais qu'elle vous fatigue quand il vous poursuit partout ! Au cours de sujets qui réclament toute votre attention, il fait subitement irruption, trouble les idées et en brise toute la coordination.

J'avais, dans l'espoir de me calmer, renoncé à tous les excitants : tabac, café, épices, liqueurs; je n'en restai pas moins sous l'impression de tout ce que l'on m'avait fait endurer et des mauvais tours qu'on me jouait sans cesse.

Récemment encore, dans une excursion à l'étranger, on avait détourné une partie de mes bagages en même temps qu'une certaine somme d'argent qu'ils contenaient. Arrivé à destination, je les réclamai à plusieurs reprises, faisant observer au chef de gare, mon bulletin à la main, que ceux qu'il m'offrait n'étaient pas les miens, je ne les revis jamais.

J'entendais au loin des personnes qui discutaient vivement et je percevais distinctement ces mots : Mais puisqu'il ne veut pas! auxquels d'autres répondaient : Mais il le faut, il le faut!

On prenait chez moi mon argenterie, mes objets de toilette, mes manuscrits et parfois je lisais dans les journaux certains détails, qui me donnaient la certitude qu'on avait connaissance de papiers, soigneusement enfermés sous clef.

J'essayai de me distraire au théâtre, au concert; mais les souffrances que j'endurais là étaient insupportables. Dès que la mélodie tournait au drame, un tressaillement général s'emparait de moi; mes lèvres tremblaient, mon cœur battait; je luttais contre des sanglots qui menaçaient d'éclater.

La nuit de terribles cauchemars venaient sans cesse troubler mon sommeil. Je voyais des gens se noyer et j'entendais leurs cris de détresse. Les monstres me saisissaient à la gorge. Je criais, à l'assassin, et mes voisins de chambre réveillés en sursaut s'interrogeaient pour savoir d'où venaient ces appels désespérés. Les trains me broyaient; je roulais dans des gouffres. Je me réveillais alors rompu, plus énervé que jamais. Mon père même, toujours si bon pour moi, venait avec colère me réclamer l'argent qu'il m'avait avancé, lui qui m'en offrait souvent et que je n'acceptais jamais. C'est que j'étais encore sous le coup de l'impression fâcheuse que m'avaient laissée ceux qui brutalement m'avaient enlevé le dernier sou.

D'autres ne m'avaient-ils pas mis à la porte sans mot dire,

le visage courroucé, tandis que leurs voisins me dévisageaient au passage, marmottant à voix basse : Gredin nous te retrouverons. C'étaient les plus modérés ceux-là, car il y en avait aussi qui me criaient, à haute voix : Nous vous tuerons, nous vous tuerons !

Bien que j'eusse vécu très modestement, les fonds vinrent à manquer. J'écrivis pour en avoir, pas de réponse. J'écrivis encore, rien n'arriva. L'hôtel m'avait remis la note, j'étais honteux de ne pouvoir la solder. Je me rendis chez un notaire ; il m'exprima ses regrets de ne pouvoir m'en avancer. Me sentant cette fois abandonné de tout le monde, je résolus d'en finir avec la vie.

Fou de douleur et de désespoir, j'entrai chez un armurier et tâchai de dissimuler mon émotion.

Je ne voulais pas d'une arme médiocre qui eût pu éclater entre les mains et me faire des blessures inutiles. J'achetai ce qu'il y avait de mieux et sortis.

J'avais tout prévu, l'heure et le lieu du suicide et jusqu'aux précautions à prendre pour que l'arme nouvelle n'ayant jamais servi, passât d'abord entre des mains habiles. Je connaissais l'emplacement d'un tir où la jeunesse va s'exercer. J'y courus, fis contrôler l'arme, déchargeai quelques coups, et pris précipitamment le train pour la banlieue. Ce qui se passa alors en moi, durant les quelques moments qui me séparaient de la mort, fut horrible. Je n'étais parvenu ni par les supplications, ni par les larmes à mériter la pitié de mes semblables, il fallait mourir, mourir, il n'y avait pas d'autre moyen de mettre fin à mes souffrances. Je n'étais cependant pas un criminel ; si je l'avais été on m'eût jugé, on m'eût guillotiné, on m'eût rendu le service que j'étais forcé de me rendre à moi-même. Un engin puissant et tranchant qui ne manque jamais son coup, qui coupe le fil de vos jours, comme votre doigt brise les trames d'une araignée, quel instrument parfait pour tuer sans faire souffrir ! Le malheureux qui attente à ses jours est moins bien partagé que l'assassin, que l'on mène au supplice. L'arme tremble dans la main ; le projectile peut dévier et ne pas atteindre l'endroit fatal. Une blessure terrible doit s'ensuivre qui, loin de vous débarrasser de vos souffrances, viendra encore les augmenter. Vous hésitez ! vous ne savez s'il faut plutôt choisir le cerveau que la gorge...

Les réflexions que vous faites éloignent pour quelques instants le trouble qui vous a fait agir.

Vous vous demandez les larmes aux yeux : faut-il donc que je meure ici comme un misérable ; qui découvrira mon cadavre et qu'en fera-t-on ? N'y a-t-il plus d'espoir, tout serait-il vraiment perdu à jamais ? Si j'étais fou ; si je me tuais avant d'avoir épuisé les dernières supplications ?...

Telles furent mes réflexions, quand subitement l'idée me vint d'aller voir un étranger qui habitait dans les environs et que j'avais rencontré parfois dans mes promenades au bois.

Sauvez moi, sauvez moi, lui criai-je en entrant et en lui montrant l'arme que j'avais à la main. Sauvez-moi, sauvez-moi!

Il resta ahuri, tremblant même en m'apercevant en tel état. Je vous promets, me dit il, tout mon appui, je ne négligerai rien pour vous être utile.

Il insista tant pour que je me calme, que j'allai prendre un gîte au cabaret voisin.

Oh! quelle nuit, je passai là entre la vie et la mort.

Désireux, maintenant que j'avais ajourné mes projets, de ne rien négliger pour me sauver s'il en était temps encore, j'allai attendre patiemment l'ouverture de la mairie. Un maire, me disais-je, connaît les drames de la vie, puisqu'il a tant de malheureux parmi ses administrés; il connaîtra mes souffrances, me viendra en aide, m'aidera peut-être de ses conseils.

Allons donc, me dit-il, quand j'entrai chez lui et que je lui eus expliqué mon désespoir et mes projets : se tue-t on ainsi sans avoir épuisé tous les moyens de se sauver! Allez donc voir vos anciens chefs. Ils vous viendront en aide, j'en suis sûr. Suivez mes conseils.

Je les suivis en effet, mais sans aboutir à un résultat sérieux. Pourquoi aurait-on modifié une situation à laquelle on n'avait pas jugé à propos de porter remède dès le début. L'affaire avait été débattue, définitivement jugée en conseil autrefois, pourquoi en aurait-on repris les débats à nouveau?

Bien d'autres sujets devaient être à l'ordre du jour, plus importants que ma pauvre petite personnalité. Préoccupés comme nous le sommes de tant d'objets différents, ayant souvent de lourdes charges, de grands intérêts à sauvegarder, songeons-nous à porter remède à toutes les infortunes? Nous inquiétons-nous des malheureux dont le suicide est relaté chaque jour dans les journaux? savons-nous même si ce noyé que l'on retire de la Seine n'est pas un brave et honnête homme à qui on a enlevé le pain quotidien en lui disant : Il faut que tout le monde y passe. A-t-il compris ces mots avant d'en finir avec la vie? Je sais que l'homme est naturellement méchant; qu'il y en a même de féroces, plus à craindre que des tigres. Mais de ce que des hommes peuvent nuire à leurs semblables, faut-il pour cela soumettre toute l'humanité aux mêmes lois sociales, agir envers nous avec une cruauté révoltante ou nous traiter comme des enfants?

Je me rappelle les jours de Noël de ma jeunesse, quand nos parents, désireux de nous ménager quelques surprises, remplissaient une chambre entière de jouets soigneusement rangés sur les tables et les buffets. Nous étions nombreux, les jouets ne l'étaient pas moins.

Dès le matin nous étions debout regardant par le trou de la serrure ce qui nous était réservé. Pour entrer dans la chambre, il nous fallait la clef. Où était elle? C'est à qui l'aurait trouvée le premier. Nos parents, contents de nous voir si joyeux si désireux d'arriver à la possession de ce qui nous attendait, simulaient d'abord l'impuissance à nous aider. Nous les dévisagions afin de découvrir dans leurs yeux un regard indiscret, qui eût trahi le repaire de la clef si soigneusement cachée. Elle est à droite, elle est à gauche, disaient-ils; vous brûlez, vous allez trop loin; ne vous bousculez pas, plus de calme; rien ne presse, cherchez bien, vous trouverez. C'était la scène à laquelle nous prenions part chaque année, jusqu'à ce que nous eussions découvert la fameuse clef.

Je m'en souvenais encore à chaque instant lorsque, lisant les journaux, je parcourais les débats parlementaires. Les mêmes mots me frappaient l'oreille : Vous allez trop loin, appuyez à droite, appuyez à gauche, rétablissez l'équilibre; si vous êtes trop exigeants, vous perdrez votre bonne consti tution; l'homme noir qui est très despote accourra et vous fera beaucoup souffrir.

Depuis lors, c'est l'homme rouge qui a fait son entrée en scène et l'on peut se demander quelle couleur aura l'autre, caché dans la boîte à Pandore.

Dans tous les cas, ce sera un méchant contre lequel il faudra lutter et qu'on vous dépeindra comme l'ennemi juré de votre prospérité; sans lui on vivrait dans un paradis terrestre et chaque mortel y jouirait de toutes les félicités. C'est à ce paradis qu'on ajourne votre repos; mais, ne l'oubliez pas, il n'est pas loin de votre tombe.

Ah! mon Dieu, que les hommes sont misérables d'un côté et monstrueux de l'autre! Si nous sommes laborieux, dévoués, honnêtes, ouverts, sans artifice, généreux même, tout de suite la foule de s'écrier : Qu'ils sont donc bêtes !

Mais alors que réclame-t on de nous? Que nous ne nous plaignions pas quand on nous martyrise ; que nous répondions comme le Christ : Seigneur, pardonnez-leur, ils ne savent ce qu'ils font. J'étais d'humeur assez douce pour en penser autant; mais l'expérience me démontra bientôt que j'avais tort; que certains qui prêchaient l'Evangile usaient de procédés, dont j'eusse cherché en vain la source dans les livres saints.

Dans les Flandres belges le prêtre ne se gêne guère; son éducation n'est pas toujours à la hauteur de ses fonctions; les gens grossiers y sont si nombreux qu'il faut, je crois, le devenir pour être aimé d'eux.

Oh! me criait-on de divers côtés : venez donc, aidez-nous, suivez-nous, vos plus chers désirs seront exaucés! Mais où vous suivre? à Lourdes ? — M'y plonger dans une eau claire qui n'a d'autres propriétés que celles que vous voulez bien lui attribuer, afin de faire croire à ceux que j'y aurais accompagnés, qu'elle est efficace, puisque je m'y plonge moi-même; laver les pieds des malheureux, comme le faisait le Christ à ses disciples, pour donner un exemple d'humilité et de fraternité.

Et cela à une époque où la nécessité nous ramène sans

cesse les uns vers les autres, unissant nos efforts souvent malgré nous, où les plus grands comme les plus petits subissent les coups du sort et les plus poignantes humiliations. Quelle œuvre inutile et sans fruit! Nous sentirions-nous mieux à l'aise, si nos bottines avaient passé par les mains d'un monarque, plutôt que par celle de notre valet de chambre? Pourquoi toute cette mise en scène à une époque où le premier malheureux venu sait que, sans instruction, il reste en route et que le meilleur moyen d'arriver rapidement à destination, c'est de laisser son âne et de prendre le train. J'ai trop vécu avec les ouvriers et les paysans pour ne pas ignorer qu'en cas de maladie un médecin et des médicaments, en cas de chagrin un ami parmi les leurs, en signe d'allégresse une danse sur l'herbe fleurie à la façon de leurs ancêtres, feraient bien mieux leur affaire.

Il est étrange combien peu de gens de nos jours comprennent les aspirations et les besoins réels de leurs semblables. Il est vrai que le trouble dans lequel nous a jeté le contact de toutes les sociétés et de tous les peuples à travers le progrès vertigineux du siècle, a donné à nos goûts et à nos idées une mobilité désolante. Il serait vain, néanmoins, de déterrer le passé pour rétablir le calme dans nos âmes.

Mais, si ce n'était pas là que je devais vous suivre, où devais-je aller? Processionner peut être le tablier à la ceinture et la truelle à la main afin de faire connaître à ceux qui l'ignorent, que si l'infortune est grande, plusieurs chemins mènent à la charité. J'eusse eu à mes côtés de bien braves gens il est vrai, mais comment aurais-je pu faire du bien aux autres en cachette, alors que je m'indignais déjà qu'on eût songé à m'en faire à mon insu? Pouvais-je consentir à devenir grossier, plat, vulgaire, afin qu'on m'aimât et me suivît à mon tour, ou à briser, casser, piller, assassiner même en vue d'un but irréalisable, moi qui aime pardessus tout l'autorité active et juste?

Qu'ai-je besoin, m'écriais-je, de vendre mes services? Je seconde tous les bons desseins, toutes les généreuses initiatives; j'aime tout le monde, hormis les butors et les malotrus; que vous faut-il encore?

Ce qu'il leur fallait encore, c'était mon indépendance à laquelle je tenais par-dessus tout, ma franchise dont je ne me fus dépouillé à aucun prix, ma parole, mon serment même de ne faire que ce qu'ils m'auraient ordonné.

Je devais marcher à côté d'eux et suivant leurs caprices, faire taire à l'heure dite les sentiments d'amitié, de bienveillance, pour y substituer la haine et la vengeance, jeter l'opprobre sur mon prochain, qui ne m'avait fait aucun mal et que je n'avais peut-être jamais vu.

Frappe, m'eût on dit et sans savoir pourquoi, j'aurais dû faire des victimes soi-disant par charité, pour leur bien, pour le salut de leur âme. En société de gens sans cœur, il me fallait voir aller des malheureux à leur perte, entendre leurs cris de détresse et leur répondre impuissant : Je ne puis vous aider, vous sauver; jeter le trouble dans les familles; détourner la femme de ses devoirs; en faire un instrument qui nous aime d'abord, nous caresse, semble avide de soulager nos souffrances et qui tout à coup sans motif, sur un ordre reçu, nous offense, nous torture et sans pitié porte à notre cœur des coups mortels. Sont-ce donc là ceux qu'il m'eût fallu suivre? Oh! puisse la terre s'entr'ouvrir et les engloutir à jamais.

⁎⁎

J'avais compris la nécessité absolue de me marier, lorsque la mort de mes parents vint rompre les derniers liens de famille. C'était à cette condition seule que je pouvais sauver le repos de ma vie; le tout était d'y parvenir sans le compromettre encore davantage.

Bien se marier est chose difficile, me faisait-on observer; j'étais en effet de l'avis de ceux qui m'en faisaient la remarque. Il ne fallait donc pas se froisser pour un rien ou indisposer qui que ce fût par des prévenances indiscrètes ou des démarches inutiles. Je cherchais, je furetais, dépistant les curieux désireux de pénétrer mes sentiments ou ma ligne de conduite. A ce jeu une princesse de sang ne peut se froisser et je me flatte de n'avoir jamais dévié de cette ligne de conduite.

Des amis m'invitaient parfois, en me laissant entendre que peut-être je trouverais l'occasion de fixer mon choix.

L'objet de mes désirs s'y trouvait en effet; mais, hélas! promis, fiancé; les billets tout comme au théâtre étaient retenus longtemps à l'avance; ils faisaient prime.

J'aurais pu me donner en loterie; je devais de la sorte échouer d'un côté ou d'autre; qui sait, la chance aurait parlé peut-être plus juste que mon choix, mais mon cœur capricieux à s'assimiler l'affection des autres, en aurait certainement beaucoup souffert.

Que de femmes mariées j'ai rencontrées dans ma vie avec lesquelles je me serais embarqué sans hésitation.

Pourquoi ne me les avait on pas offertes alors qu'elles étaient jeunes filles et comment la fatalité me poursuivait-elle à ce point, de me les faire connaître toujours quand il était trop tard. Je ne sais pas comment les autres se marient, mais j'affirme que s'ils devaient y mettre autant de temps, autant de patience, autant de condescendance que j'en mis moi-même, pour n'arriver à aucun résultat, les mariages se feraient rares.

Quand on analyse trop, me disait-on, un jour, on ne se marie jamais. Cela est fort juste. Les gens amoureux ne raisonnent pas, c'est peut être pour ce motif que les mariages d'inclination sont les plus aisés et les plus heureux. Mais pour

s'aimer il faut se connaître, ou tout au moins se prêter mu-
tuellement des qualités qu'on recherche. Or, dans le grand
monde, où les entrevues sont rares et courtes, peu intimes
souvent, expansives jamais, il est fort difficile entre jeunes
gens de se juger réciproquement. Il n'y a donc de réussite
possible que pour les tout jeunes qui s'emballent aisément,
pour les favorisés du sort à qui en toutes circonstances les
portes sont ouvertes, pour ceux qui font un marché. Ces
derniers sont les plus nombreux. Faut-il s'étonner alors que
tant d'unions donnent des résultats si fâcheux.

Je ne voulais à aucun prix affronter l'avenir avec si peu de
chance de bonheur.

Voyez cette belle enfant pleine d'attentions pour sa mère;
sur son visage réjoui se trahissent la santé et la douceur. Si
vous l'approchez, elle vous tend la main, le sourire sur les
lèvres n'affectant ni l'assurance qui lui enlèverait sa grâce, ni
la timidité qui pourrait nuire à l'expression de son visage.
Elle est là devant vous, causant avec tact et sans recherche.
Tour à tour ses yeux brillent, son teint se colore, ses traits
s'épanouissent ou se contractent suivant le sujet traité.

Elle le développe ou saute d'un sujet à l'autre, avec la
même aisance qu'elle mettrait à lancer une balle ou à en recevoir une à son tour. Ne croyez pas qu'elle a conscience de
son savoir et que son aisance lui vient du désir qu'elle éprouve
de faire valoir ses qualités.

Elle a trop lu, trop travaillé, pour ne pas se rendre compte
de ce qui lui reste encore à acquérir.

Elle sait qu'elle sera mère un jour, que les poupées de son
enfance ne sont que la reproduction des êtres charmants
qu'elle élèvera plus tard. Le jour viendra où elle les aimera
de toute son âme, désireuse aussi de voir luire dans leurs
yeux les premiers rayons de leur intelligence.

Oh! qu'ils seront beaux à en juger d'après elle, qu'ils seront
intelligents, guidés par une telle mère. On prévoit que, si elle
les abandonne un jour aux soins de son entourage, elle saura
saisir le moment opportun pour leur égayer la vie, aider leur
croissance, développer leurs qualités morales et exercer leur
jeune intelligence. Elle n'abandonnera jamais pour des travaux futiles l'accroissement de ses connaissances, auquel nul
être intelligent ne doit se soustraire durant le cours de sa
vie.

Tel était l'idéal que je m'étais tracé de celle qui devait faire
mon bonheur. Pouvais-je même y prétendre si je l'avais
trouvé. De plus jeunes que moi, beaux, vigoureux, joignant
aux qualités de leur naissance une fortune bien établie, devaient nécessairement me devancer.

Il était inutile d'y songer.

D'ailleurs, pour jouir d'un bonheur durable dans la vie conjugale, il faut boire à la même source, dès l'enfance, suivre les mêmes rives du fleuve, pour atteindre enfin le temple nuptial où l'on vous unit.

Si vous arrivez tous deux de côtés opposés, ayant puisé vos idées, vos goûts, vos impressions à des sources différentes, vous vous apercevrez un peu tard, que vous avez fait fausse route. Si le cœur peut vous tromper parfois, l'ambition toujours, l'esprit parle à son tour en maître. Il faut compter avec le cerveau lorsque, après l'avoir mis à l'œuvre, vous le réduisez à l'inaction.

Quand les premiers feux de l'amour auront pâli, que vous vous trouverez face à face aux prises avec une question du jour, vous sentirez un vide autour de vous et tâcherez de le combler en réveillant l'intelligence de celle qui partage vos joies comme vos peines.

Vous lui direz alors : Mais laisse donc là toutes les fables de ta jeunesse pour regarder enfin la vérité en face. Ne vois-tu pas que cet échafaudage, monté à si grands frais, n'a servi qu'à élever ton imagination en éclosion.

LA FEMME : Je t'aime.

Je veux te faire voir tout ce que je vois, te faire sentir tout ce que je sens, t'ouvrir des voies nouvelles où tu tomberas d'extase en extase, non à la vue de spectacles fantastiques, mais à la découverte de phénomènes dont tu n'as pas d'idée aujourd'hui ; suis moi donc.

LA FEMME : Je t'aime.

Mais comment à mes côtés veux-tu marcher toujours, sans me comprendre, sans attacher à mes paroles le moindre intérêt, sans y trouver le moindre charme puisque tu ne les entendras pas.

LA FEMME : Je t'aime.

Oh ! moi aussi je t'aime, tu seras bonne mère, bonne épouse, j'en réponds, mais moi que serai-je ?

J'avais assisté à bien des scènes de ce genre ; je me rappelais même avoir vu pâlir un ami nouvellement marié devant le fameux tableau : *Enfin seuls !*

Le mariage m'effrayait. Après avoir bu à la même source, ne m'étais-je pas éloigné du fleuve pour chercher je ne sais où quelque chose que je ne savais pas.

Les années avaient passé ; ma première jeunesse était loin ; n'atteignais-je pas le temple nuptial par une toute autre voie que celle qu'aurait nécessairement suivie la femme à laquelle on m'aurait uni ?

Quand on réfléchit trop, on ne se marie pas et l'on fait peut être sagement. Malheureusement le célibat ne tranche pas toutes les questions, surtout quand on a tracé tous ses plans pour l'éviter.

Le chemin où je m'étais engagé n'était pas une impasse ; avec la bienveillance d'autrui, je pouvais en sortir, mais non à l'aide de mes propres forces.

*
* *

Il est étrange de constater combien les gens attribuent peu de valeur à l'avoir de leurs voisins, alors qu'ils se it entichés du leur. J'en ai connus, très fiers de leur situation, ayant leur caisse bourrée de papiers, qui filaient un beau jour laissant les badauds ahuris.

Je n'avais pas de tout cela. Je possédais une propriété qui valait, d'après inventaire fait peu de temps avant mon départ, deux cent trente mille francs.

C'était le fruit de mes économies et de mon travail.

Que fallait-il pour me tirer d'embarras : la louer douze mille francs ou la liquider dans de bonnes conditions ? C'était bien simple. Il ne fallait pour cela que la bonne volonté de mes voisins et faire en sorte que la valeur réelle de la propriété, ainsi que celle de son contenu fussent réalisées. Je me procurais ainsi une rente viagère de seize mille francs.

Il était monstrueux, ainsi que cela eut lieu, de faire vendre tout aux enchères dans les plus mauvaises conditions ; de m'obliger à dissiper des fonds, qui ne pouvaient se remplacer par un travail quelconque, qu'on m'empêchait malgré tous mes efforts, de reprendre et de me faire recourir après dix-huit ans de privations et d'opprobres au plus pénible expédient, celui d'aliéner mon patrimoine pour pouvoir vivre.

Ignorant qu'on voulait une exécution complète et publique, je m'étais rendu chez un voisin qui avait un parent à placer et à qui je proposai la location de mon immeuble avec ce qu'il contenait. C'était la plus belle occasion qui pût s'offrir pour lui. Pourquoi n'entama-t-il pas même les négociations ? Pourquoi les locataires des propriétés que m'avait léguées mon père, renonçaient-ils à leur bail en faisant le sacrifice des fonds qu'ils avaient versés en garantie de leurs engagements ? C'était pour me les faire vendre à leur tour ; ce que je ne pouvais éviter, faute de ne pouvoir trouver dans des conditions convenables quelqu'un pour les faire valoir. Que peut-on attendre de son prochain à une époque où les gens, par haine ou par vengeance, déterrent les morts et reportent à grand bruit sur la tête de leurs enfants, des souillures dont ils ne sont pas responsables ? Quelle voie suivre, si la malveillance peut insolemment vous ruiner et l'autorité inactive vous répondre : Pas d'explications ? Les luttes sont âpres, les entreprises vastes et sujettes à désastres. Les puissants marchent de l'avant sans s'inquiéter des obstacles ; malheur à ceux qui se trouvent sur leur chemin. Un coup de Jarnac de droite et de gauche et la voie reste libre, pas d'explications. C'est le dernier mot.

Tristes présages pour ceux qui redoutent la tyrannie.

Quand on lit le récit de tous mes malheurs, ne découvre-t-on pas, que si des causes inattendues ont amené des situations pénibles, il était facile d'y porter remède et que si on ne l'a pas fait, c'était ou par manque d'organisation sociale, ou par mauvais vouloir.

Parmi tant de gens cherchant à se frayer un chemin dans la vie, il est impossible qu'il n'y en ait pas qui restent en route. Il est donc du devoir de la société de leur porter secours et non de leur rendre la vie plus amère encore. J'avais, pour ma part, fait tout ce qu'on peut attendre d'un homme dans le cours de sa carrière. J'avais, tout jeune encore, quitté mes parents, mes amis, dit adieu à mes plaisirs, fait taire toutes mes aspirations, anéanti en moi ma personnalité; que pouvais-je de plus? On avait, je le reconnais, récompensé mes efforts, et jusqu'à l'âge de 36 ans, époque à laquelle mourut mon père, je n'eus à compter qu'avec un seul malheur, celui d'une maladie pénible qui m'enlevait mes forces et mon énergie.

Les bâtiments du nouveau local avaient été occupés immédiatement après leur achèvement et je ne m'étais pas rendu compte que sur un terrain occupé jadis par une écurie, il est malsain de se tenir au rez-de-chaussée, quand il n'y a point de cave dessous. Mais je n'avais pas choisi mon cabinet de travail. J'en avais pris possession comme un planton de sa guérite. Les miasmes percèrent les dalles, les fièvres apparurent avec des congestions du foie. L'ennemi était chez moi et traîtreusement me terrassait.

J'étais la victime d'un accident, il fallait en tenir compte. Nous avons vu ce que je jugeai à propos de faire, pour porter remède à la situation et les complications, qui s'ensuivirent. J'avais fait mon devoir, tout mon devoir, les autres remplirent-ils leurs obligations?

Évidemment non!

J'ai démontré qu'avec la bienveillance des personnes qui m'entouraient, on pouvait, sinon me donner l'abondance, tout au moins le repos et j'estime qu'il ne faut pas le négliger quand la vie est si courte.

Mais il semble que la paix de notre âme est bien peu de chose aux yeux de ceux qui ont notre destinée entre les mains, puisqu'ils en tiennent si peu compte.

Le ménage social marche fort bien tel qu'il marche, me dit un jour un ami, mais il marche très mal pour vous. C'est que vous vous reposez sur le travail alors qu'il n'y a plus que la politique qui paie.

Ne tombe t on pas des nues en entendant pareil langage, après vingt-cinq ans de sacrifices imposés tout juste en vertu de cette vérité universelle, que le travail fait le bonheur des hommes et la richesse des nations.

C'était donc à la politique qu'il fallait recourir pour me tirer d'affaires. Mais quel était l'objet de mes convoitises? le repos; et que m'offrait-on? l'enfer.

Voyons si cela m'eût réussi, admettant que j'eusse sacrifié mon repos pour y parvenir.

Pour s'adonner avec succès à une occupation quelconque, il faut l'aimer; or, je déteste la politique par dessus tout. J'avais été élevé très honnêtement, sans dissimulation; je ne pouvais donc m'attacher à un travail où l'honnêteté n'a rien à voir et où tout se fait à l'ombre. Non seulement j'eusse été un ouvrier plein d'hésitation par caractère, mais aussi sans conviction, ce qui est pire encore. Tous les raisonnements tombaient devant les faits dont j'étais victime.

N'étant pas autorisé à mener ma barque à ma guise, on la fera chavirer, sans que j'aie le droit de me plaindre. Je n'aurai qu'à attendre les faveurs qu'on voudra bien m'accorder. Mais n'est ce pas l'anéantissement de toute notre énergie dont dépendent le progrès et la prospérité des nations. Non, répond on, la force n'est réellement force, que lorsqu'elle est concentrée et les énergies isolées, même réunies, ne peuvent rivaliser avec la nôtre. Mais est-il bien certain que vos forces soient concentrées. Ce que j'ai devant les yeux m'en fait douter. Il y a tant d'opinions diamétralement opposées, tant de forces réparties sur divers points, qui, loin de s'unir en vue d'un résultat commun, se neutralisent, qu'il m'est impossible d'en estimer la valeur. Je ne pourrai donc admettre que le résultat final de votre énergie utilisée, à la part qui m'est dévolue, soit supérieure au mien, que lorsque vous me l'aurez démontré, la balance à la main, tenant compte, bien entendu, du moral, du physique et de l'intellectuel.

Mais remarquez que je suis la ligne droite, que vous faites des courbes; que je travaille en plein jour, que vous opérez à l'ombre; que je tends une main franche, que votre abord est froid; que j'ai le sourire sur les lèvres, alors que maussade, hargneux, jaloux, vindicatif, vous regardez vos voisins comme des tigres en chasse. Dans vos luttes, auxquelles je ne veux pas prendre part, vous écartez par système ceux qui voudraient bénéficier de vos œuvres, sans joindre leurs efforts aux vôtres.

C'est fort juste, mais il faudrait tout au moins respecter les œuvres d'autrui où vous n'avez de votre côté rien à voir. Votre puissance domine la mienne, j'en conviens; votre succès doit être certain, universel. Or est ce le spectacle que nous avons devant les yeux? Pas du tout; des sociétés puissantes croulent; des gens riches se ruinent; des malheureux se suicident ou se sauvent, la bourse à la main, tandis que des poitrines on arrache les insignes honorifiques et sans pitié on jette dans les familles la honte et la désolation. Et vous au gouvernail, vous prétendriez me mener plus sûrement au port avec votre servile outillage, que je n'y arriverais moi-même soutenu par ma pauvre barque! Des trucs, toujours des trucs; de beaux discours, des coalitions sournoises, des compromis honteux, de viles bassesses, des marchés répugnants, voilà ce qui guide le monde et le mènera à sa perte.

Non, non, le bonheur de l'homme n'est pas là où vous voulez le mener; les voies que vous lui faites suivre sont encombrées de souffrances qui s'accumulent chaque jour.

Le travail, son seul soutien et son vrai bonheur, est à la merci de toutes les éventualités et vous ne vous souciez ni de lui en conserver les douceurs, ni de lui en épargner les amertumes. Tandis que la richesse des peuples s'accroit avec une rapidité vertigineuse, la misère reste toujours très grande et nos âmes cherchent vainement le repos. Le luxe croît sans cesse, éblouissant toutes les classes de la société.

Quelle joie dans la foule, quel débordement de plaisirs, que de gens qui s'amusent; j'ajouterai que de malheureux là dedans qui plus tard, épuisés, malades, s'en iront mendier l'hospitalité dans leurs vieux jours.

Pour avoir l'abondance, il faut travailler, travailler beaucoup et négliger surtout l'épargne sans laquelle cependant tout est précaire dans la vie.

On l'encourage, il est vrai, mais que le résultat est minime en proportion de la production de la richesse.

N'est-il pas désolant de constater la dette qui s'accroît chaque année, chez toutes les nations, en même temps que la persistance de la misère au sein des masses.

Quel remède apporter au mal, si tout le monde dépense sans souci du lendemain et si ceux qui ont mission de nous sauver, par système poussent au luxe, au lieu de nous en éloigner. L'homme, disent-ils, est un enfant qu'il faut amuser d'un hochet et qui n'est jamais si serviable et soumis que lorsqu'il n'a plus un sou dans la poche.

Peut-on comprendre qu'on nous soumette tous aux mêmes lois, pauvres, riches, robustes, malingres, actifs et paresseux et qu'aux rayons du même soleil qui nous éclaire, un homme vigoureux et jeune sommeille, tandis qu'un vieillard, le dos courbé, les bras raidis, peine à la sueur de son front.

Dès votre enfance, vous vous mettez à l'ouvrage et ne cessez plus de travailler; vous croyez, au prix de tant de sacrifices, arriver plus tôt au terme de votre tâche? pas du tout, le voisin vous a devancé, n'ayant jamais quitté sa place.

Comment récompenser les gens, quand les caisses se vident plus vite qu'elles ne se remplissent.

La charité ne fut jamais qu'un pénible expédient. Si la souffrance purifie l'homme, le travail et tous les événements fâcheux de l'existence suffisent à le compléter, s'il en est susceptible. Il est donc barbare d'accumuler sciemment sur sa tête des tourments, qui détruisent son énergie et le mènent plus rapidement à la tombe. Il est temps encore d'améliorer notre sort, si les nations, entraînées toutes vers le même but et vers le même gouffre, consentent à se prêter un mutuel appui. A ce prix seul le repos nous sera assuré. La Providence alors nous guidant par la main, nous mènera sans horribles chocs au terme de notre voyage et le plus pauvre comme le plus favorisé du sort pourra réciter, avec la conscience de ne pas s'être trompé, la prière de ses ancêtres : Seigneur délivrez-nous de tout mal.

Ainsi soit il ! (A suivre.)

TYPOGRAPHIE FIRMIN-DIDOT ET Cⁱᵉ. — MESNIL (EURE).

9 782019 133627